Ostpreußen

Haug von Kuenheim/Hans Joachim Kürtz

Ostpreußen

Auf den Spuren von Marion Gräfin Dönhoff

Ellert & Richter Verlag

Haug von Kuenheim
geb. 1934 in Königsberg, studierte in Berlin Jura und machte sein Staatsexamen in Saarbrücken. Von 1961 an arbeitete er in verschiedenen Positionen bei der Wochenzeitung „Die Zeit“, zuletzt als stellvertretender Chefredakteur, Leiter des Magazins und Herausgeber der ZEITpunkte. 1987/88 war er Chefredakteur des „Kölner Stadt-Anzeiger“. Er veröffentlichte in der Reihe rororo Monographien eine Biographie über Marion Gräfin Dönhoff, mit der er verschiedene Male Ostpreußen besucht hat.

Hans Joachim Kürtz
geb. 1933 im heute polnischen Hinterpommern, lebt seit 40 Jahren an der Kieler Förde. Er ist Fernsehjournalist sowie Text- und Fotoautor mehrerer Sachbücher und Bildbände, vor allem über Grönland und den europäischen Norden sowie über die ehemaligen Ostgebiete, über die er auch eine Reihe von TV-Dokumentationen verfasste. Im Ellert & Richter Verlag sind von ihm die Bildreisen „Danzig“, „Kiel“, „Masuren“ und „Föhr“ sowie die Titel „Pommern“ und „Schönes Schleswig-Holstein“ erschienen.

Ein besonderer Dank für die Unterstützung bei den Fotoarbeiten geht an Katarzyna Koślińska, Warschau, und an Elena und Thoralf Plath, Selenogradsk/Cranz.

Titel:
Marienburg an der Nogat

Bildnachweis:
Archiv Kreisgemeinschaft Pr. Holland, Itzehoe: S. 11 o., 11 u. li., 87 u. li.
Bildarchiv Preußischer Kulturbesitz, Berlin: S. 8, 25
Herder-Institut e.V., Marburg: S. 30
Ostpreußisches Landesmuseum, Lüneburg: S. 6
Sammlung Hans Joachim Kürtz, Kiel: S. 10, 28, 29, 31 o., 87 o., 87 u. re.
Theo Sommer, Hamburg: S. 96
Thoralf Plath, Kaliningrad: S. 26 o.
Miroslaw Garniec, Olsztyn (aus: Ders., Schlösser und Gutshäuser im ehemaligen Ostpreußen, Olsztyn 2001): S. 11 u. re., 74 u. re., 76 u. re., 89 u. re.

Literaturverzeichnis:
Blüm, Norbert: Sommerfrische, Regentage inclusive, Siedler Verlag, Berlin 1995
Bobrowski, Johannes: Sarmatische Zeit, Union Verlag, Berlin 1967
Dönhoff, Marion Gräfin: Bilder, die langsam verblassen, Siedler Verlag, Berlin 1988
Dies.: Kindheit in Ostpreußen, Siedler Verlag, Berlin 1988
Dies.: Ritt durch Masuren, G. Rautenberg Verlag, Leer 1992
Engel, Hans Ulrich: Ostpreußen wie es war, Gräfe und Unzer Verlag, München o. J.
Eulenberg, Adelheid Gräfin/Engels, Hans: Ostpreußische Gutshäuser in Polen, C. H. Beck Verlag, München 1992
Giordano, Ralph: Ostpreußen ade, dtv, München 1996
Krockow, Christian Graf: Begegnung mit Ostpreußen, DVA, Stuttgart 1994
Kürtz, Hans Joachim, Masuren, Ellert & Richter Verlag, Hamburg 1999
Lehndorff, Hans Graf: Menschen, Pferde, weites Land, dtv, München 1988
Lorck, Carl E. L. von: Landschlösser und Gutshäuser in Ost- und Westpreußen, Verlag W. Weidlich, Frankfurt am Main 1972
Meiner Heimat Gesicht, Ostpreußen im Spiegel der Literatur, Herbig Verlag, München 1996

Bibliographische Information der Deutschen Bibliothek
Die Deutsche Bibliothek verzeichnet diese Publikation in der Deutschen Nationalbibliographie; detaillierte bibliographische Daten sind im Internet über <http://dnb.ddb.de> abrufbar.

ISBN 978-3-8319-0140-1

3. überarbeitete Auflage 2007

Text:
Haug von Kuenheim, Hamburg
Fotos:
Hans Joachim Kürtz, Kiel
Gestaltung:
Büro Brückner + Partner, Bremen
Lithographie:
Barsuhn + Petersen Werbeagentur GmbH, Hamburg
Druck:
klr mediapartner
Druck und Medien GmbH, Lengerich
Bindung:
S. R. Büge GmbH, Celle

Inhalt

Seit die alte soziale Gliederung aufgehoben ist und die starren Grenzen einer ständischen Ordnung zu fließen beginnen, war es eine Selbstverständlichkeit geworden, daß auch der Junker ein bürgerliches Handwerk ergriff. Es galt für ihn jetzt, sich zu bewähren in dem allgemeinen Existenzkampf, ohne Privileg, ohne Rücksicht, aber auch ohne eine besondere Aufgabe im Dienste der Allgemeinheit. So wurde der Junker und mit ihm der landwirtschaftliche Betrieb hineingestellt in die beginnende Konkurrenzwirtschaft, in der es nur noch einen Maßstab gab: Die Verzinsung und nur noch eine Gewähr für den Erfolg: die Rentabilität.

Marion Dönhoff

in ihrer Doktorarbeit über Entstehung und Bewirtschaftung eines ostdeutschen Großbetriebs, 1935

Die Gräfin, wie wir in der Redaktion der ZEIT Marion Dönhoff nannten, machte nicht viel her von ihrer Herkunft. In ihrem mit Büchern, Manuskripten und Briefen vollgekrasselten Büro im sechsten Stock des Hamburger Pressehauses erinnerte so gut wie nichts an ihre ostpreußische Heimat und an Schloss Friedrichstein, wo sie 1909 geboren wurde. Auf einem Holzständer ein großes Foto von Lew Kopelew, dem russischen Schriftsteller, und zwei Zeichnungen von Paul Flora, dem Künstler aus Innsbruck. Sie hingen über dem Sofa, wo ihre Gäste Platz nahmen – die Gegenwart beherrschte ihr Zimmer.

Allein ein Foto, 5 x 10 Zentimeter groß, festgeklemmt unter Glas auf einer Zigarettendose auf dem Schreibtisch, zeigte ihr Geburtshaus, das prächtige und einzigartige Schloss Friedrichstein, erbaut Anfang des 18. Jahrhunderts. Ein Bau, wie es in Ostpreußen nur ganz wenige gab.

Als wir einmal über unsere gemeinsame Heimat sprachen – ein Besucher hatte ihr gerade ein Glas Honig aus Quittainen mitgebracht, dem Gut, von dem aus sie während des Krieges den Dönhoffschen Familienbesitz verwaltete – und ich sie fragte, woher Friedrichstein seinen Namen habe, brachte sie mir tags drauf ihre Doktorarbeit mit, veröffentlicht in den dreißiger Jahren im Königsberger Gräfe und Unzer Verlag. „Entstehung und Bewirtschaftung eines ostdeutschen Großbetriebs – die Friedrichsteiner Güter von der Ordenszeit bis zur Bauernbefreiung". Ein wenig davon findet sich wieder in ihrem Buch „Kindheit in Ostpreußen". Die Arbeit ist der gelungene Abriss einer Familienchronik, eingebettet in die Geschichte Ostpreußens. Und da wir hier den Spuren Marion Dönhoffs durch Ostpreußen folgen, kann ein knapper Blick in die Geschichte der Familie Dönhoff nicht schaden.

Dönhoffs aus Westfalen waren dabei, als im 13. Jahrhundert die Ordensritter die Weichsel überschritten, die ersten Burgen aus rotem Ziegel bauten und sich an den Flüssen ansiedelten, um aus den heidnischen Pruzzen gottesfürchtige Menschen zu machen. Dabei waren auch die Lehndorffs, die Dohnas, die Eulenburgs, Familien, die im Laufe der ostpreußischen Geschichte eine wichtige Rolle spielen sollten. Söldnerführer waren viele von ihnen, denn der Orden wurde der aufsässigen Pruzzen nicht so ohne weiteres Herr und brauchte kampfbereite Männer, die ihre Ritterdienste nach der Größe des Grund und Bodens leisten mussten, mit dem sie belehnt worden waren. Nach und nach wurde aus dem Lehen Eigentum, die Nachfahren der Söldnerführer und Ritter wurden so zu Besitzern oft sehr großer Ländereien.

Schloß Friedrichstein, wo Marion Gräfin Dönhoff 1909 geboren wurde, gehörte zu den eindrucksvollsten Schlössern Ostpreußens. Preußische Könige stiegen dort gerne ab.

„Wie vom Erdboden verschluckt“, schrieb Marion Dönhoff. Vom einstigen Schloss Friedrichstein ist nichts mehr übrig geblieben, nicht einmal ein Trümmerhaufen. Sowjetische Soldaten steckten es in Brand, weil sie glaubten, Hermann Göring hätte hier während des Krieges sein Quartier aufgeschlagen. Der einst so gepflegte Park ist verwildert und kaum erkennbar. Nur der Rest einer lebensgroßen Neptunfigur aus Sandstein, die einst im Park stand, trotzt im Lichthof der alten Universität in Kaliningrad den Zeiten.

Schloss Finckenstein, östlich von Marienwerder, im Jahre 1835. „Enfin, un château!" Endlich ein Schloss, soll Napoleon I. ausgerufen haben, als er sich mit seiner Kalesche Finckenstein näherte. Vom 1. April bis zum 6. Juni 1807 hatte er sich in den Gemächern, in denen einst Friedrich der Große logierte, einquartiert, ehe er weiter gen Moskau zog. Hier empfing er seine Geliebte Maria Walewska und den Reitergeneral Blücher, bevor dieser als französischer Kriegsgefangener ausgetauscht wurde. 1716 wurde das Barockschloss von Jean de Bodt erbaut, demselben, der auch Friedrichstein entworfen hatte. Erster Besitzer war der Generalfeldmarschall Albrecht Konrad Graf Finck von Finckenstein, später gelangten Schloss und Ländereien in den Besitz der gräflichen Familie Dohna. Zerstört wurde Finckenstein erst nach der Besetzung durch die Rote Armee. Ruinen zeugen heute von der einstigen Pracht.

Friedrichstein, 25 Kilometer südlich von Königsberg gelegen, hieß ursprünglich Keckstein. Ein Friedrich zu Waldburg, dem dieses Gut Anfang des 17. Jahrhunderts gehörte, war offenbar ein fabelhafter Manager, er legte Sümpfe in der Pregelniederung trocken, baute neue Dörfer, ihm zu Ehren wurde aus Keckstein Friedrichstein. Seine Nachkommen gerieten in Schwierigkeiten, wie in jenem 17. Jahrhundert viele Höfe in Ostpreußen in einem miserablen Zustand waren. Das Land war durch verschiedene Schwedenkriege verwüstet, Seuchen und Missernten kamen hinzu. Höfe und Dörfer lagen verlassen da. Jetzt trat Friedrich Graf Dönhoff auf, dessen Vater, aus Livland kommend, sich 1629 in Ostpreußen niedergelassen hatte. Friedrich Dönhoff, seines Zeichens Oberkammerherr beim Kurfürsten, geheimer Kriegs- und Staatsminister, Kurfürstlich Brandenburgischer Generalleutnant, Amtshauptmann und Gouverneur der Veste Memel, kaufte für 25 000 Taler Friedrichstein und, wie es im vom Großen Kurfürsten genehmigten Kaufvertrag hieß: „mit aller und jeder Zubehör und Nutzung, allen Rechten und Gerechtigkeiten, Jurisdiktionen, großen und kleinen, auch Straßengerichten, item anderen Herrlichkeiten, Jagden und Fischereien, Krug und Kruggerechtigkeiten, Mühlen und Mühlenstätten, nichts überall ausgenommen, wie in gleichen freie Holzung in Ihrer Kurfürstlichen Durchlauchtigten Wäldern". Es war für Friedrich Dönhoff ein „Schnäppchen", denn die 25 000 Taler konnte er, so ist zu vermuten, lokker aufbringen. Die Staatsstellungen, und Friedrich Dönhoff hatte ja mehrere davon, wurden in der Regel sehr gut dotiert, jedenfalls im Vergleich zu den Erträgen aus der Landwirtschaft. So kam Friedrichstein 1666 zu den Dönhoffs und blieb in deren Besitz bis 1945. Zur Zeit Friedrichs I., der sich als Kurfürst Friedrich III. 1701 in Königsberg zum König in Preußen krönte, baute Otto Magnus Dönhoff in Friedrichstein das prächtige Schloss. (Nachkommen jener ostpreußischen Familien, die am 18. Januar 1701 ihrem neuen König huldigten, trafen sich 300 Jahre später in Berlin. Marion Dönhoff war unter ihnen.) Otto Magnus, verheiratet mit einer Gräfin Dohna, stand dem König sehr nahe. Er war unter anderem erster Gesandter am deutschen Kaiserhof, er war Staats- und Kriegsminister, preußischer Botschafter beim Friedenskongress zu Utrecht, der 1713 den Spanischen Erbfolgekrieg beendete, Generalleutnant und Gouverneur von Memel. Die Einkünfte aus diesen Ämtern setzten ihn in die Lage, innerhalb von fünf Jahren ein prächtiges Schloss zu bauen (1709–1715), von dem Kunsthistoriker in den höchsten Tönen schwärmten. Jean de Bodt war der Architekt, derselbe, der in Berlin das Zeughaus entwarf. Friedrich Samuel Bock, Theologie-Professor an der Albertina in Königsberg, verfasste 1782 einen köstlichen Bericht: „Friedrichstein hat einen Pallast, der ein Meisterstück der Baukunst ist, nicht nur dieser, samt dem darin befindlichen sehenswürdigen Geräthe, sondern auch der Lust- und Thiergarten, die Fasanerie und andere dazu gehörige Grundstücke machen diesen Landsitz zu einem der lustvollsten im Lande; sowie von der Gallerie und dem obern Stockwerk sich ein Prospekt, den eine mahlerische Einbildung kaum besser entwerfen mag, dem Gesicht darstellt." In jenen Jahren entstanden viele große Schlösser in Ostpreußen: Finckenstein, bei dessen Anblick Napoleon ausrief: „Enfin, un château!", Schlobitten, Schlodien, Dönhoffstädt. Ganz sicher sind diese grandiosen Schlösser nicht nur aus kultureller Verpflichtung gebaut worden, da war auch persönliches Geltungsbedürfnis mit im Spiel und die Prachtliebe jener Jahre, die König Friedrich I. vorlebte. Diese Bauten haben aber mit ihren Kunstsammlungen und Bibliotheken neben den Ordensburgen das Bild Ostpreußens mitgeprägt.

Trotz ihres großen Reichtums legten jene Familien natürlich Wert darauf, dass ihre Güter schwarze Zahlen schrieben. Marion Dönhoff beschreibt in ihrer Doktorarbeit, wie schwer dies mitunter war. In den Jahren 1739/40 zum Beispiel krepierten in Friedrichstein 121 Pferde, 72 Stück Rindvieh, 75 Schafe, 127 Schweine. Der Grund: Futtermangel, von Wölfen zerrissen, verfaulte Lunge. Der Siebenjährige Krieg (1756–1763) richtete auch hier verheerende Schäden an. In einer Fußnote vermerkt sie, dass nach der verlorenen

Allein „die Wälder und die in ihnen versteckten Seen haben nichts von ihrem Reiz verloren ... ein Spaziergang durch den Finckensteiner Forst oder eine Schlauchbootfahrt auf dem Tromnitzsee, noch heute ein wahres Vogelparadies, wird zum Erlebnis und mildert die Trauer über den Verfall des Schlosses", schreibt Hermann Graf zu Dohna, Sohn des letzten Besitzers von Finckenstein.

Schlacht von Groß-Jägersdorf (1757) die preußische Armee auf ihrem Rückzug in Friedrichstein einen Schaden von 4 000 Talern verursachte und die darauf folgende russische Brigade mit 400 Kosaken und Tataren sich auf den Dönhoffschen Gütern einquartierte. „Als die Armee endlich abrückte, wurden die Gutswirtschaft und Bauern gezwungen, Fourage und Proviantfuhren zu leisten und die Armee während vieler Wochen zu begleiten."

Unter Friedrich dem Großen (1712–1786) war der preußische Adel noch Rückgrat des Staates. Der König sorgte dafür, dass der adlige Grundbesitz erhalten blieb, kaufmännische Interessen konnten nicht zum Zuge kommen. Bürgerlichen war ein Erwerb von Rittergütern nicht möglich. Fideikommisse, die den Erhalt großer Güter sicherten – der jeweils Älteste erbte den gesamten Besitz – förderte er. In einem Brief an seinen Bruder im Geiste, den französischen Philosophen Voltaire, berichtete Friedrich der Große als Kronprinz im Juli 1739 aus Insterburg begeistert über Ostpreußen: „Mein lieber Freund, nach dreiwöchigem Anmarsch sind wir endlich in einem Land angekommen, das ich als das Nonplusultra der zivilisierten Welt betrachte. Es ist eine in Europa wenig bekannte Provinz, wenngleich sie bekannter zu sein verdiente, da sie als Schöpfung meines Vaters, des Königs, angesehen werden kann.

Zu Beginn unseres Jahrhunderts wurde diese Provinz von der Pest verheert, und mehr als dreihunderttausend Einwohner erlagen der Seuche und dem Elend. Der Hof, der von den Leiden des Volkes wußte, versäumte es, einer gesegneten und fruchtbaren, volkreichen und in jeder Weise üppigen Provinz zu helfen. Die Seuche raffte die Menschen hin; die Felder lagen brach und verwilderten. Auch der Viehbestand nahm bei der allgemeinen Not ab; kurzum, die blühendste unserer Provinzen verwandelte sich in die erschreckendste Einöde.

Darüber starb Friedrich I., und er wurde zu Grabe getragen, mitsamt seiner falschen Größe, die nur aus leerem Gepränge und dem Zurschaustellen pompöser und hohler Zeremonie bestand.

Mein Vater, der ihm auf dem Thron nachfolgte, war von dem allgemeinen Elend berührt. Er kam hierher, an Ort und Stelle, und sah mit eigenen Augen das weite verwüstete Land mit allen schrecklichen Spuren, die eine Seuche nach sich zieht, dem Hunger, der dumpfen Habsucht der Beamten, Zwölf oder fünfzehn entvölkerte Städte, vier- oder fünfhundert unbewohnte und verödete Flecken waren das traurige Schauspiel, das sich seinen Augen bot. Durch solch gräßliche Zustände mitnichten entmutigt, empfand er lebhaftes Mitgefühl und beschloß, Menschen anzusiedeln, Handel und Wandel in einer Gegend, die ihr Gesicht verloren hatte, in Schwung zu bringen.

Seit jener Zeit scheut der König keine Kosten, um seine wohltätigen Absichten mit Erfolg zu krönen. Mit umsichtigen Maßnahmen ging er ans Werk; er baute wieder auf, was die Pest verheert hatte, und ließ aus allen Teilen Europas Tausende von Familien kommen. Land wurde urbar gemacht, die Bevölkerung nahm wieder zu, der Handel blühte neu auf, und nunmehr herrscht in dieser fruchtbaren Landschaft mehr Überfluß denn je."

Preußens Niederlage von 1806 mit den dann einsetzenden Reformen begründete eine neue Wirtschaftsepoche. Der adlige Großgrundbesitzer verlor seine Privilegien, der Bauer wurde von der Gutsherrschaft befreit. Jetzt beginnt, so folgert Marion Dönhoff in ihrer Doktorarbeit, „die eigentliche Epoche des landwirtschaftlichen Großbetriebs. ... Seit die alte soziale Gliederung aufgehoben ist und die starren Grenzen einer ständischen Ordnung zu fließen beginnen – seit der Offizier- und Grundbesitzerstand für jeden zugänglich wurde und sich die Landwirtschaft von dem Begriff des geschlossenen selbständigen Organismus immer mehr zu dem eines industriellen Produktionsmechanismus entwickelte, war es eine Selbstverständlichkeit geworden, daß auch der Junker ein bürgerliches Handwerk ergriff. Es galt für ihn jetzt, sich zu bewähren in dem allgemeinen Existenzkampf, ohne Privileg, ohne Rücksicht, aber auch ohne eine besondere Aufgabe im Dienste der Allgemeinheit."

„Ohne eine besondere Aufgabe" – wirklich? Marion Dönhoff jedenfalls hielt fest an der überlieferten Verantwortung für die Allgemeinheit, mehr sein als scheinen blieb ihr Lebensmotto. Der Schriftsteller Ottfried Graf Finckenstein drückt es in seinen „Erinnerungen eines Ostpreußen" so aus: „Das Familiengut, zu dem die Seelen der Arbeiter und die Verantwortung für das kirchliche Patronat ebenso gehörten wie das Erbe der jüngeren Geschwister und deren Erziehung zu brauchbaren Staatsdienern, war ein unantastbares Heiligtum; ihm hatten sich die Bedürfnisse des Besitzers unterzuordnen. Bei den meist kinderreichen Familien des preußischen Adels war dies häufig nur auf Grund persönlichen Bescheidens möglich, so daß der Besitzer bisweilen außer der Ehre nur die Last des Besitzes zu tragen hatte." Und er fügte hinzu: „Um der Gerechtigkeit willen muß hier der Ansicht widersprochen werden, die dem Adel die Gewohnheiten russischer Großfürsten andichtete."

Schloss Dönhoffstädt in der Nähe von Rastenburg. Von 1710 bis 1714 entstand dieser barocke Bau durch John de Collas. Beurlaubte Soldaten vom Regiment des Bauherrn Bogislav Graf Dönhoff packten Ziegel auf Ziegel. Das Schloss ging später in den Besitz der Familie Stolberg zu Wernigerode über. Nach dem Krieg wurde Dönhoffstädt zu einer Schule für Traktorfahrer. Heute dämmert das Schloss ungenutzt vor sich hin.

Quittainen (oben) und Schlobitten (links) – Ansichten aus der Mitte des 19. Jahrhunderts. Während Schlobitten und Schlodien (rechts) heute eindrucksvolle Ruinen sind, präsentiert sich Quittainen in vorzeigbarem Zustand.

Der Gutshof Quittainen bildete den Mittelpunkt der Dönhoffschen Güter im ostpreußischen Oberland. Vom Spätsommer 1938 bis zur Flucht im Januar 1945 verwaltete Marion Dönhoff von hier aus den gesamten Familienbesitz. Da das Schloss damals von einem ungeliebten Onkel, einem üblen Nazi, bewohnt war, lebte sie im Rentamt des Gutes. Der kleine Ort zwischen Preußisch Holland und Mohrungen hat den Krieg unbeschädigt überstanden. Mit seinen roten Backsteingebäuden rund um den Dorfteich und der barocken Gutskirche zeigt das heutige Kwitajny noch die typische Bauweise der ostpreußischen Gutsdörfer.

„Durch viele Stunden kein Haus, keine Menschen, nur Wald und immer wieder Wald", notiert Marion Dönhoff in ihrem Tagebuch, als sie im September 1941 mit ihrer Cousine Sissi Lehndorff die Johannisburger Heide bei ihrem Ritt durch Masuren auf dem Pferderücken durchquerte. Dieser Forst war als Teil der „Großen Wildnis" des Mittelalters mit seinen 1000 Quadratkilometern das größte zusammenhängende Waldgebiet des einstigen Landes Preußen.

„Land der dunklen Wälder und kristallnen Seen", so heißt es im Lied der Ostpreußen. Allein in Masuren ließen die letzten Eiszeiten mehr als 3300 Seen zurück – wie hier den Hartigswalder See. Marion Dönhoff, deren Ritt durch Masuren mitten durch diese Wasserlandschaft führte, schreibt über einen der Seen in ihr Tagebuch: „Wie in einer fernen Sage leuchtet er aus dem feierlichen Dunkel der ihn begrenzenden Fichten hervor – unendlich erhaben über das Kleinmaß des menschlichen Lebens und den Ablauf der Geschichte, erhaben auch über die vergängliche Gestalt der Landschaft, die sich in seinem Antlitz spiegelt. Keiner noch hat ihn zum Untertanen machen können, niemandem hat er je Frucht getragen. Er ist sich selbst genug als Zweck und Inhalt und beharrt als letztes, unwandelbares Bild der Urschöpfung in einer Welt, die menschlicher Nützlichkeitssinn immer mehr verunstaltet."

Rößel, die Burg der Fürstbischöfe. An der alten Handelsstraße, die vom Frischen Haff über Heilsberg und durch die masurische „Wildnis“ nach Polen führte, hatte der Deutsche Ritterorden 1241 eine kleine, hölzerne Grenzfeste angelegt, die er später dem bischöflichen Ermland zuwies. An ihre Stelle ließen dann die zu Landesherren gewordenen Bischöfe die mächtige Backsteinburg zur Verteidigung ihrer Diözese errichten. Ihr Südflügel wurde im 19. Jahrhundert zur evangelischen Kirche ausgebaut. Die Polen restaurierten die Burganlage nach dem Krieg von Grund auf. Heute ist sie ein beliebter Ort für Kunstausstellungen. Im Vordergrund steht eine moderne Papststatue.

„Auf Banie Mazurskie (Benkheim) zu ändert sich die Landschaft, wellt sich kokett, krümmt die Rücken der Weizenfelder, wölbt milde Hügelkuppen, in der Weite rote Hausdächer", schreibt Ralph Giordano in „Ostpreußen ade" über den masurischen Norden. In den Seesker Höhen nahe Goldap haben die diluvialen Gletscher Moränen bis zu 309 Meter Höhe aufgetürmt.

Getreideernte. „Der Bauer bleibt, sein Reich kann nicht vergehen“, dichtete der Ostpreuße Arno Holz. Denn neben den großen Gutsbetrieben – wie den Dönhoffschen und den Dohnaschen mit ihren mehrere tausend Hektar umfassenden Ländereien – gab es in Ostpreußen viele Bauerndörfer. Das galt vor allem für das Ermland. Hier stellen die kleinen Bauern oft noch heute das zu Garben gebundene Getreide zum Trocknen in Hocken auf.

Das einzige, was ich in meinem Leben als eine wesentliche Tat ansehe, ist die Wiederbeschaffung des Kant-Denkmals für Königsberg.

Marion Dönhoff, 1998

Der Rektor der Kaliningrader Universität geriet buchstäblich aus dem Häuschen. „Ich liebe Sie! Ich liebe Sie!" bestürmte er Marion Dönhoff auf russisch, umarmte sie und fiel vom Sie ins Du und mochte gar nicht mehr von ihr lassen. Griff schließlich zu einer Flasche Wodka, rief nach Gläsern, und die Gräfin, in bestimmten Augenblicken kein Kind von Traurigkeit, strahlte den schon arg geröteten Professor an und nahm einen gewaltigen Schluck.

Juni 1992. Ein wunderschöner Sommertag, strahlend blauer Himmel. Vor der Universität, dem alten Gebäude der „Albertina", wie die Königsberger Universität nach ihrem Gründer Herzog Albrecht (1490–1568) hieß, hatte sich eine fröhlich gestimmte Menschenmenge versammelt. Kaliningrader, Touristen aus Deutschland, unter ihnen eine alte Dame im Rollstuhl, eine Freiin v. d. Goltz, deren Familie jahrhundertelang in Ostpreußen ansässig war. Der deutsche Generalkonsul aus St. Petersburg war eingeflogen wie auch, eine kleine politische Sensation, der polnische Botschafter in Deutschland, Janusz Reiter. Er gehörte zu den Zöglingen der Gräfin, ihm hatte sie, als er noch studierte, einen Aufenthalt in Deutschland ermöglicht. Alle waren gekommen, Russen mit Blumen in der Hand, um dabei zu sein, wie Immanuel Kant (1724–1804), der große Philosoph und Lehrer an der Universität, der seine Stadt nie verlassen hat, mit dem Dreispitz in der Hand wieder sein altes Postament erklomm. Nach dem Krieg spielte eine Büste des deutschen Kommunisten Ernst Thälmann für ihn den Platzhalter.

Im Vorwort zu dem Bildband „Königsberg-Kaliningrad", der von Elena Lebedowa und Igor Sarembo 1998 herausgegeben wurde, erzählt Marion Dönhoff folgende Geschichte: „Eines Tages sprachen Jurij Iwanow, der Chef des Kulturfonds in Königsberg, ein liebenswerter, leider zu früh verstorbener Schriftsteller, und ich über Immanuel Kant. Iwanow prägte damals den für mich unvergessenen Satz: ‚Kant gehört nicht uns und auch nicht euch. Kant gehört der ganzen Menschheit.'

Lange Zeit nach diesem Gespräch wurde mir plötzlich klar: Königsberg ohne Kant, das ist ganz unmöglich. Das berühmte Kant-Denkmal von Christian Rauch, das auf dem Paradeplatz vor der Universität gestanden hatte, war nämlich in den letzten Wochen des Krieges verschwunden. Auch die Hinweise, die ich den Russen geben konnte, führten zu nichts."

Das Denkmal war kurz vor dem Einmarsch der Roten Armee in Königsberg nach Friedrichstein zu den Dönhoffs in Sicherheit gebracht und im Park versteckt worden. Doch von dort verschwand es auf Nimmerwiedersehen. Marion Dönhoff erzählt weiter: „Ich wandte mich damals an die Direktoren der Berliner Museen in der Hoffnung, irgendwo könnte vielleicht die Gipsform gefunden werden. Auch dieser Versuch war vergeblich. Bei der Gelegenheit stellte sich jedoch heraus, dass in irgendeinem verborgenen Winkel die Gipsform eines Probe-Entwurfs von Rauchs eigener Hand existierte. Ich hatte gerade einen Preis bekommen und konnte daher den Guss dieser nur 60 Zentimeter hohen Kant-Figur in

Immanuel Kant (1742–1804) steht wieder an seiner Universität, der Albertina, in Königsberg. Christian Daniel Rauch (1777–1857) modellierte ihn. In den Kriegswirren verschwand die Statue. Marion Dönhoff ließ sie neu gießen und brachte sie im Juni 1992 nach Kaliningrad.

Königsberg zur Jahrhundertwende: Die Universität am Paradeplatz auf einem Foto von 1906, im Vordergrund König Friedrich Wilhelm III. hoch zu Ross. Der Dom, wie er um 1900 von außen und innen ausgesehen hat

Das Königsberger Königstor. Die drei Figuren wurden 2005 zum 750-jährigen Jubiläum der Stadt wieder behauptet: Stadtgründer König Ottokar II., König von Böhmen, dem zu Ehren die Stadt ihren Namen erhielt, König Friedrich I., der sich als Kurfürst Friedrich III. selbst zum König in Preußen krönte, und Herzog Albrecht, der den Ordensstaat in ein weltliches Herzogtum umwandelte.
In der früheren Oberpostdirektion residiert die russische Admiralität der Baltischen Flotte (links).
Das „Monster“, unvollendetes „Haus der Räte“ auf dem Areal des Schlosses mit den Resten desselben.

Auftrag geben. Den als Denkmal ganz unzulänglichen Entwurf habe ich dann als Geschenk für das Kant-Museum zusammen mit meinem Neffen 1989 in einem 2 CV nach Kaliningrad gebracht, ohne dass Kant auf dem Rücksitz Verdacht erregte. Nach zwei Jahren schlug mein Gewissen, und ich sagte mir: Nein, ein kleiner Kant in einem Museum, wahrscheinlich in einer Art Apothekerschrank, das reicht nicht. Es muss ein richtiges, großes Denkmal sein. Ich schrieb auf der ersten Seite der ZEIT einen kleinen Aufruf, und tatsächlich kamen in kurzer Zeit über 100 000 Mark zusammen, der bekannte, sehr erfahrene Bildhauer Haacke übertrug in monatelanger Arbeit die Maße des Kleinen auf die gewünschte Größe, und nun steht Immanuel Kant wieder vor der Universität so, als sei nichts gewesen. Ein Vakuum ist beseitigt, eine Lücke gefüllt." Und Jurij Iwanow stellte befriedigt fest: „Kant ist der erste Königsberger, der für immer nach Königsberg in seine Heimat zurückgekehrt ist."

Die Freude der Kaliningrader, den größten Sohn ihrer Stadt wieder bei sich zu haben, war echt. Sie haben ihn übrigens stets in Ehren gehalten, auch zu Zeiten des Kalten Krieges. Auf seinem Grabmal an einer Seitenfront des Doms liegen stets frische Blumen. Und es gibt auch eine Tafel, angebracht an einer Mauer, die ursprünglich zum Schlossareal gehört hat. Auf ihr stehen die Worte Kants aus seiner Nachbemerkung zur Kritik der praktischen Vernunft: „Zwei Dinge erfüllen das Gemüt mit immer neuer und zunehmender Bewunderung und Ehrfurcht, je öfter und anhaltender sich das Nachdenken damit beschäftigt: der bestirnte Himmel über mir und das moralische Gesetz in mir." Diese Worte standen auch auf der Todesanzeige von Marion Dönhoff.

Aus Marzipan oder auf Wodkaflaschen gibt es den Philosophen nicht – noch nicht? Dafür aber ein anderes Markenzeichen der Stadt am Pregel: den Dom. Der Krieg hatte ihn 1944 in einen hohlen Zahn verwandelt. Kein Mensch gab einen Pfifferling, dass er jemals aus der Ruine wieder auferstehen würde.

Und doch. „Der unsichtbare Geist Kants", so meinte Gouverneur Leonid Gorbenko 1998, habe den Dom gerettet. Die Russen haben ihn nicht, wie das Schloss, plattgemacht, sie haben offenbar auf ein Wunder gehofft. Und das traf ein, in Form von Geld aus Deutschland, die ZEIT-Stiftung steuerte einen großen Batzen bei – auf beharrliches Drängen von Gräfin Dönhoff, die auf Lebenszeit dem Kuratorium der Stiftung angehörte. Ob seine Wiederherstellung akkurat denkmalspflegerischen Geboten entspricht, an ihm wird immer noch gewerkelt und wahrscheinlich noch sehr lange, mag dahingestellt bleiben.

Jedenfalls opfert der Dombaumeister, ein wortgewaltiger ehemaliger Obrist und Ingenieur für Festungsbauten, gerne eine Kerze für seine „Gräfin". Er kann diese links neben dem Portal in der orthodoxen Kapelle anzünden oder rechts in der evangelischen. Ostpreußische Familien, die sich einer besonderen Beziehung zum Dom und zur Stadt erfreuten, stifteten die Kirchenfenster, über deren Ästhetik man streiten könnte. Das große Kirchenschiff ist ein Ort geworden, in dem musiziert, gelesen, Theater gespielt wird – ein Kulturdom eben. Im Turm, wo früher die berühmte Wallenrodtsche Bibliothek untergebracht war, eine Stiftung aus dem 18. Jahrhundert mit wertvollen Büchern und Manuskripten, gedenkt ein kleines Museum Immanuel Kants.

„Nun steht der Dom wieder in seiner alten majestätischen Weise", meinte die 89-jährige Marion Dönhoff, als er 1998 feierlich eröffnet wurde. „Jeder kann ihn betreten: die Kaliningrader und auch die Königsberger. Souverän und gelassen steht er in dieser unvollkommenen Welt, blickt zurück in die Vergangenheit, in der so viel Blut geflossen ist, und schaut hoffnungsvoll – den Frieden beschwörend – in die Zukunft." Leonid Gorbenko, damals Gouverneur der Kaliningrader Region, der erste frei gewählte, wie er stolz vermerkte, antwortete ihr wortreich: „Vom äußersten Westen Russlands, im nach dem Krieg gegründeten Kaliningrader Oblast, fasst russische Kultur Fuß. Wir verstehen dies nicht als Verdrängung anderer Kulturen, sondern als notwendigen Garanten der Bewahrung und Entwicklung aller Leistungen der Menschheit. Der Dom gehört zu diesen Leistungen ... Unser Leben währt nicht ewig auf dieser Erde, aber Menschheit und Menschlichkeit sind unsterblich. Wir alle sind Teile einer Kette und geben das Streben nach allem Schönen auf dieser Erde weiter ..."

Apropos schön. Schön, das wird auch der Gouverneur zugeben, mittlerweile sitzt er wieder seinem alten Fischereikombinat vor, schön ist das „Monstrum" wahrlich nicht. Auf dem Platz, an dem das Schloss stand, seine Ursprünge reichten bis ins 13. Jahrhundert, erhebt sich ein Ungeheuer aus Beton. Es sollte das „Haus der Räte" werden, doch die Fundamente trugen den Koloss nicht, der nun leer und unnütz ein willkommenes Objekt für den Verpackungskünstler Christo wäre, damit er ihn verschwinden ließe. „Das hässlichste Gebäude, das ich je in der Welt gesehen habe," bemerkte Marion Dönhoff.

Es war der Blick auf das „Monstrum" inmitten eines Meeres von grauen Plattenbauten, der Marion Dönhoff veranlasste, 1989 in einem Artikel zu schreiben: „Würde ich hier in dieser Stadt von einem Fallschirm abgesetzt und befragt, wo ich mich befände, so würde ich antworten, vielleicht in Irkutsk. Nichts, aber auch gar nichts erinnert mehr an das alte Königsberg."

Ihre Irritation war verständlich. Denn hier in Königsberg war sie unzählige Male, keine Autostunde von Friedrichstein, ihrem Zuhause, entfernt. Hier ging sie zur Schule und stöberte bei Gräfe und Unzer, der größten Buchhandlung der Stadt, nach Neuerscheinungen; hier trank sie in der Konditorei Schwermer unweit des Schlossteichs heiße Schokolade, und hier legte sie in der Königshalle mit ihrem Bruder Toffi einen flotten Tango hin.

Dennoch wird ihr Urteil in dieser Eindeutigkeit nicht von allen Besuchern geteilt. Christian Graf Krockow beispielsweise urteilt in seiner „Begegnung mit Ostpreußen" milder. Er zählt einzelne alte Gebäude auf, verliert sich in die Vororte der Stadt, wo alte Villen bei sehr wohlwollendem Blick die einstige Pracht durchschimmern lassen. Viele Heimwehtouristen oder „Nostalgiker", wie Russen die Deutschen nennen, die ihre Heimat aufsuchen, hocken abends nach ihren weitläufigen Spaziergängen durch die Stadt im „Hotel Kaliningrad" oder im „Moskau" zusammen und lassen das tagsüber Geschaute Revue passieren. Karl Schlögel, der einfühlsame Beobachter der osteuropäischen Szene, beschreibt in seinem Buch „Königsberg" diese Besucher: „Die größten Aufregungen verursacht das Detail: der gußeiserne Kanaldeckel, der Hydrant mit der Aufschrift ‚Steinfurt'. Vor dem verbeulten Briefkasten mit deutschen Lettern bleiben sie wie angewurzelt stehen. Sie deuten mit dem Finger in die Luft, in der nichts zu sehen ist. Aber dort war die Praxis des Zahnarztes oder die Wohnung der Freundin ..."

Es kann dann schon passieren, dass sie anfangen zu lamentieren und zu schimpfen – auf die Plattenbauten, auf die Bürgersteige, die sich in Stolpersteine verwandelt haben. „Früher" und „man müsste" kommt ihnen dauernd von den Lippen.

Man kann die Stadt aber auch mit anderen Augen sehen. „Ach was, Kaliningrad ist eine moderne, russische Stadt mit historischen Einsprengseln", meinte ein Besucher. So betrachtet lässt sich die Stadt am Pregel auf einmal ertragen. Und vor allem wird man den Kaliningradern gerecht, die hier leben und die hier geboren sind. Es ist ihre Heimat, hier wuchsen sie auf und gingen zur Schule, hier verliebten sie sich und wanderten Hand in Hand in hellen Sommernächten um den Schlossteich oder legten sich ins Gras auf der Dominsel, wo sich einst Haus an Haus schmiegte, und schauten den Wolken nach.

Kaliningrad setzt seine eigenen Zeichen. Hinter dem Rücken der in Erz gegossenen kommunistischen Ikone, Wladimir Iljitsch Lenin, im Zentrum der Stadt entstand eine Kathedrale der orthodoxen Kirche, die zu einer der größten Russlands geworden ist. Sie möchte ganz offensichtlich dem Dom Paroli bieten. So wie der erst vor wenigen Jahren auf den Sockel gestellte russische Poet Alexander Puschkin seinem deutschen Kollegen Friedrich Schiller vor dem Theater – er hat den Krieg heil überstanden – das dichterische Feld nicht allein überlassen will. Und Ende 2003 wurde in Baltijsk, dem früheren Pillau, eine sechseinhalb Meter hohe Bronzestatue der Zarin Elisabeth (1709–1762) hoch zu Ross enthüllt. Von Pillau aus, dem Königsberg vorgelagerten Hafen, konnten sich vor dem Fall der Stadt Tausende und Abertausende auf Schiffen in den Westen retten. Alexander Kusneszow, Bürgermeister von Baltijsk, holte weit aus: „Die Errichtung des Denkmals ist in dem Sinne symbolisch, dass die russische Armee im Siebenjährigen Krieg, als in Russland die Zarin Elisabeth herrschte, die preußische Festung Pillau erobert und sie zum Stützpunkt der russischen baltischen Flotte gemacht hatte." Und nach den Worten des russischen Innenministers Boris Gryslow soll das „imposante Monument die Festigkeit der westlichen Grenze Russlands symbolisieren".

Natalia A., in Kaliningrad als Tochter eines Offiziers geboren, hat über die Entwicklung Königsbergs promoviert. In einem langen Brief an Marion Dönhoff im Mai 2001 schrieb sie: „Generell fühlen die Menschen sich wohl in Kaliningrad – viele kennen ja auch keine andere Welt ... Sie schuften, sie leiden und sind doch irgendwo zufrieden." Dass Kaliningrad einen deutschen Kulturhintergrund hatte, ist seinen Bewohnern bewusst. Doch Natalia A. ist skeptisch, ob dies eine besondere Identität der Region bedeute. Für junge Intellektuelle und Autoren sei der deutsche Hintergrund nicht mehr so relevant. „Relevant ist der Gedanke, eine russische Enklave innerhalb Europas zu sein. Und der Weg nach Europa führt in den Schulen über die englische Sprache."

Marion Dönhoff wohnte bei ihren Aufenthalten meist im Gästehaus der Gebietsverwaltung, einer immer noch eindrucksvollen Villa aus den Gründerjahren. Ich schlenderte damals, als das

Das Haus des Landstallmeisters von Trakehnen, dem größten Gestüt Ostpreußens. Davor steht der berühmte Hengst Tempelhüter in Bronze.

Kant-Denkmal nach Kaliningrad gebracht wurde, ein paar Straßen weiter in die Juditter Allee, wo meine Familie vor dem Krieg in Nr. 6 wohnte. Das Haus wurde zu einer Kindertagesstätte vergrößert. Das Fenster unter dem Dach, aus dem der Vater uns Kinder ins Haus rief, ist so rund wie in der Erinnerung und auf alten Fotos. Und auch der rau verputzte Pfeiler am Eingangstor hat seine grobe Oberfläche behalten, über die die Kinderhand so fasziniert strich. „Sind wir Landsleute, die etwas verbindet?", fragte ich meine russische Begleiterin, geboren in Kaliningrad. Sie dachte einen langen Moment nach: „Ja, die Erde."

Marion Dönhoff blickte nicht zurück – eine Heimwehtouristin war sie ganz und gar nicht. Sie interessierte: „Was wird aus Königsberg? Gibt es die Möglichkeit, Region und Stadt politisch in eine Gemeinschaft der nordischen Länder einzubinden?" Das politische Establishment in der Region war beeindruckt von ihrer Offenheit und Aufgeschlossenheit. Sie stellte Fragen und war bereit, ihre vielfältigen Kontakte zu nutzen. Als die Universität ihr schließlich 1999 den Ehrendoktorhut aufsetzte, war sie sichtlich stolz und empfand dies als Bestätigung, das Richtige in der alten Heimat zu tun.

Es war einmal. Trakehner auf den Weiden des Gestüts. „Möge der Galopp edler Pferde, das Geläute der Meute über Trakehnens Fluren, die Schönheit seiner Anlagen noch weitere Jahrhunderte Tausende von Menschen erfreuen ...", heißt es in einem Bericht über das Gestüt aus dem Jahr 1934.

Marion Dönhoff war eine anstrengende Beifahrerin. Auch wenn die Karte oder gar der Autopilot nach rechts wies, meinte sie, links sei näher. Den Weg nach Friedrichstein allerdings wusste sie. Von Löwenhagen, einem Vorwerk von Friedrichstein, führte links ein schmaler sandiger Weg auf eine Allee mit mächtigen Linden, angepflanzt vor 250 Jahren. Ein Foto, das diese Allee im Winterkleid zeigt, stand auf dem Schreibtisch ihres Hamburger Heims. Eigentlich, so hatte Marion Dönhoff einmal bekannt, wollte sie nie wieder nach Friedrichstein, sie wollte es so im Herzen bewahren, wie Friedrichstein für sie „zum Inbegriff von Heimat" geworden war. Doch dann mochte sie ihre russischen Gastgeber nicht verprellen, fuhr mit ihnen hin. Das war 1989. „Ich hielt den Atem an. Ob die Allee noch stand? Ja – sie steht ... Weiter nach Friedrichstein am Hohlweg hinunter ... der erste Blick fällt auf den verträumten See ... Aber was man dann sieht oder nicht sieht ist unfaßlich: Das riesige Schloß ist wie vom Erdboden verschluckt, nichts ist davon geblieben ..." Drei Jahre später fuhr sie noch einmal hin, wohl um ihrem Großneffen Friedrich den Ort zu zeigen, wo sein Vater aufgewachsen war. „Marion und ich", so schreibt er in den „Erinnerungen an Marion Dönhoff", „gingen zum früheren Schlosspark. Eine Weile standen wir dort, ohne zu sprechen. Der Park war verwildert, aber die Konturen, die ich von Fotos kannte, waren noch grob erkennbar ... Wir spazierten weiter über das Gelände zu den Gebäuden des Gutshofes. Hoch oben, an einem der Häuser der alten Brauerei, hing ein kleiner Holzkasten, der früher eine Glocke geschützt hatte. Die Glokke war nun weg. Marion sah hinauf und schüttelte den Kopf: ‚Es ist doch wirklich absurd: Ein großes steinernes Schloss verschwindet spurlos, und so ein nutzloser alter Holzkasten bleibt erhalten.'"

„War Friedrichstein", schreibt Marion Dönhoff, „bisher eine Realität, unerreichbar zwar, aber doch existent, so ist es jetzt zu einer unwirklichen Erscheinung der Traumwelt geworden – und da ist es eigentlich ganz gut aufgehoben."

Mittlerweile ist kaum noch etwas von dem Holzkasten zu erkennen. Der Betrachter steht etwas hilflos vor dem Ort, den er von Fotografien, alten Stichen und vielerlei Beschreibungen vor Augen hat. Eine Wüstenei, dort ein zerfallener Stall aus rotem Ziegel, Mauerreste ein paar Meter weiter. Die Phantasie quält sich, wo hat wohl was gestanden? Doch sie kann die Gegenwart nicht verdrängen. Wüsste man nicht, dass hier einmal eines der prächtigsten Schlösser Ostpreußens stand, voller Geschichten und voller Leben, man würde an diesen trostlosen Ort keinen Blick verschwenden und hastig davoneilen.

Eifrige „Businessmen" versuchen, wohl wissend, welchen fast mythischen Klang der Name Marion Dönhoff hat, diesen geschäftlich zu nutzen. Ein kleines Museum mit Dönhoff-Devotionalien vielleicht? Würden die Deutschen zahlen? Warum nicht auch ein Hotelchen? Ein Reiterhof? Kutschfahrten? Die Russen reden sich in Begeisterung. Doch vorerst münden ihre Anstrengungen in den Versuch, Königsberger Marzipan zu importieren oder selbst zu backen.

Siebzehn Kilometer nördlich von Königsberg lag der Lehndorffsche Besitz Preyl mit einem um 1900 erbauten Herrenhaus, dem Geschmack der Zeit entsprechend hässlich. Hier lebte Marion Dönhoff als junges Mädchen eine Zeit lang zusammen mit ihrem Vetter Heini Lehndorff und seiner Schwester Sissi. Es muss ein Pferdedorado ohnegleichen gewesen sein. Vater Lehndorff war ein passionierter Dressur- und Rennreiter. Er nahm die junge Mannschaft oft morgens mit zur Arbeit auf die Rennbahn in Königsberg, wo von Mitte Mai bis Ende September fast jeden Sonntag Rennen ausgetragen wurden. Wenn es sehr heiß war, machten sie nach dem Frühstück in der Rennbahn-Kantine noch einen Abstecher in die Stadt zur Konditorei Schwermer, wo sie ein Eis schleckten. Preyl lag an einem lang gestreckten See, der für die Wasserversorgung von Königsberg wichtig war. Hier ruderten sie, badeten und genossen ein rundum unbeschwertes Leben. Gegenüber von Preyl lag Wargen, ein beliebtes Ausflugsziel der Königsberger mit einem großen Gasthaus, in dem es häufig lärmig zuging. Die Ostpreußen verstanden zu feiern. Von Preyl ist heute nichts mehr zu sehen, auch der einheimische Taxifahrer aus Kaliningrad hat Mühe, es zu finden.

Friedrichstein um die Jahrhundertwende. An das prächtige Dönhoffsche Schloss südlich von Königsberg erinnert heute kein Stein mehr.

Der Weg nach Trakehnen führt von Königsberg in östlicher Richtung über Insterburg (Tschernjachowsk). Hier schwangen sich die in Ostpreußen stationierten Kavallerieoffiziere in den Sattel ihrer Vollblüter oder Trakehner und bestritten Rennen. An diese Tradition – oh Wunder – knüpften die Russen an und richten seit einigen Jahren Reitturniere aus. 2002 und 2003 gewann der zweifache deutsche Olympiasieger Franke Sloothaak. Mit der besten Zeit und ohne Strafpunkte blieb er auf seinem Pferd namens Adolf (!) ungeschlagen.

Kurz vor Trakehnen, hinter Gumbinnen, wo viele Salzburger, nach Ostpreußen geholt von Friedrich Wilhelm I., sich in den Jahren 1731/32 niedergelassen hatten, lag das Rittergut Szirgupönen, genius loci für die „Barrings“, jenen zu Tränen rührenden Familienroman, den William von Simpson 1937 geschrieben hat, dessen Bruder das Gut besaß. Und weil das Buch zu einem Bestseller wurde, lieferte er gleich noch den „Enkel“ zwei Jahre später nach.

Trakehnen war das Pferdeparadies schlechthin, mit Preyl nicht zu vergleichen. Friedrich Wilhelm I. (1713–1740), Vater Friedrichs des Großen, hatte es 1732 als Königliches Stutamt gegründet. Das Gestüt sollte den preußischen Hof mit edlen Pferden versorgen und die Armee mit den „besten Soldatenpferden der Welt“ ausrüsten. Und schließlich die Pferdezucht der gesamten Provinz koordinieren und überwachen. Schon damals hatte das Gestüt über 1000 Pferde, darunter 500 Mutterstuten.

Fast auf jedem Hof in Ostpreußen wurden Warmblüter gezogen, die von Trakehnern in Trakehnen abstammten und die Elchschaufel als Brandzeichen trugen. Die Ostpreußen waren stolz auf ihr Landgestüt und der jeweilige Landstallmeister war eine hochgeachtete und in der Provinz bekannte Persönlichkeit. Marion Dönhoff erzählte mir einmal eine im Land bekannte Anekdote: Der preußische Landwirtschaftsminister trifft auf seiner ersten Dienstreise in den zwanziger Jahren von Berlin nach Königsberg im Zug auf gestandene Landwirte. Im Laufe der Unterhaltung fragt er sie: „Ich bin, wie Sie wissen, zum ersten Mal in Ostpreußen. Was muss ich wissen, um nicht gar zu sehr aufzufallen?“ Die Antwort: „Erstens müssen Se wissen den Hengst Tempelhüter. Zweitens müssen Se wissen den Bullen Anton. Drittens müssen Se wissen dem Kant.“ Dann nach einer Weile: „Wenn Se aber noch wissen den Hengst Pythagoras, denn brauchen Se sich dem Kant gar nicht zu merken.“

Tempelhüter war der bekannteste Deckhengst in Trakehnen. Er wurde, wie auch Immanuel Kant, der leider ohne Nachkommen blieb, in Erz gegossen und noch zu seinen Lebzeiten auf einen Sockel gestellt. Die siegreichen Russen, von ihren Panjepferdchen nicht so verwöhnt, verfrachteten Tempelhüter nach Moskau; dort hält er vor einem landwirtschaftlichen Institut Wache.

„Pferden hat schon immer meine Liebe gegolten“, schrieb Marion Dönhoff in den Erinnerungen an ihre Kindheit in Ostpreußen, „aber in Trakehnen lernte ich sie als den Menschen ebenbürtige

Preyl, 17 Kilometer nördlich von Königsberg, war ein Besitz der Grafen Lehndorff. Während der Schulferien ruderte auf dem kilometerlangen See die große Schar von Cousinen und Vettern aus den Familien Dohna, Lehndorff und Dönhoff um die Wette.
Irgendwo im Nirgendwo ein paar Steine. Der Fotograf hat Mühe, Preyl heute zu orten.

„Die Brandung ist von sonderbarer Großartigkeit. Die Wellen haben selbst ganz nahe am Strand eine Kraft, daß man glaubt, Löwenpranken schlügen auf die Schulter", schrieb Thomas Mann über die Ostsee an der Kurischen Nehrung. In einem Haus in Nidden machte es sich der Dichter sommers gemütlich.
Den Leuchtturm in Pillau entwarf der bedeutende Baumeister Karl Friedrich Schinkel (1781–1841).

Geschöpfe kennen.“ Sie geriet regelrecht ins Schwärmen, wenn sie von Trakehnen erzählte, der herrlichen Landschaft, den alten Alleen, den weiß gestrichenen Koppelzäunen, den grünen Weiden und darauf „edle Pferde, so weit das Auge reicht“. Sie war oft zu Besuch hier, zu Jagden und während vieler Ferien.

1939 gab es in Trakehnen auf einer Fläche von 6000 Hektar 1200 Pferde, darunter 379 Zuchtstuten und 17 Hauptbeschäler. Heute heißt Trakehnen Jesnyja Poljana, auf deutsch „helle Lichtung“ – so hieß das Landgut des russischen Schriftstellers Leo Tolstoi bei Moskau. Die Weiden sind verschwunden, das Gelände ist versteppt oder sumpfig, Brachland, so weit das Auge reicht. Nur wenig erinnert noch an das traditionsreiche Gestüt.

Russlanddeutsche Familien haben sich hier angesiedelt und fristen mehr schlecht als recht ihr Leben. Diverse Vereine und Gruppierungen in Deutschland kümmern sich um Trakehnen. Die einen sammeln Geld, um das Dach des Landstallmeisters zu dekken, die anderen Geld für die Schule. Vor Jahren geriet Trakehnen in schlechten Ruf, weil sich nationalistisch gebärdende Gruppen aus Deutschland seiner bemächtigen wollten. Mittlerweile ging ihnen – gottlob – das Geld aus. Für viele Touristen aus Deutschland ist der Besuch von Trakehnen ein Muss. Der Mythos des einstigen Pferdeparadieses lebt weiter.

Hans Lehndorff, Sohn des Landstallmeisters und Verfasser des „Ostpreußisches Tagebuch“, fasste 1980 in seinen Erinnerungen zusammen, was Trakehnen für ihn war: „Die Weite der Wiesen und Felder, ihre Farben und Dünste, die roten Dächer der Vorwerke an den Schnittpunkten der Alleen, die Rufe der Vögel, das Schnauben und Wiehern der Pferde auf den Koppeln und schließlich das unnennbare Ausgeliefertsein an ein überzeitliches Schicksal, das die Menschen des Ostens prägt und bindet.“

Trakehnen mochte Marion Dönhoff nicht wiedersehen, ihr reichten die Schilderungen dieses heute zu trostlosen Ortes. Aber die Kurische Nehrung noch einmal zu erleben, reizte sie. Kein Landstrich in Ostpreußen ist so intensiv beschrieben und immer und immer wieder fotografiert worden wie die Kurische Nehrung. Ernst Wiechert, der Dichter aus Masuren (1887–1950), fasste seine Empfindungen in die Worte: „Dieser rätselhafte Streifen weißen Sandes trägt auf ergreifende Weise ... Züge der Ewigkeit.“

Der weitgereiste Wilhelm von Humboldt (1767–1835) meinte: „Die Kurische Nehrung ist so merkwürdig, daß man sie eigentlich ebensogut als Spanien und Italien gesehen haben muß, wenn einem nicht ein wunderbares Bild in der Seele fehlen soll.“

Marion Dönhoff wollte 1992 unbedingt diesen Streifen wiedersehen. Nachdem Kant auf seinem Sockel fest verankert stand, war Gelegenheit zu einer Autofahrt nach Cranz, dem ältesten Seebad Ostpreußens und der Nehrung. Jahre später war sie noch einmal mit dem Altbundespräsidenten Richard von Weizsäcker dort. Cranz ist heute ein heruntergekommener und ungepflegter Ort, anders das benachbarte Rauschen, das proper wirkt und zum Baden einlädt.

Ursprünglich war die Nehrung bewaldet. Doch schon im 13. Jahrhundert fällten die Ordensritter die Bäume, die sie für den Bau ihrer Burgen und Befestigungen brauchten. Auch im Siebenjährigen Krieg wurde hier geholzt. Westwind trieb von der Ostsee die Dünen auf das Haff zu. Eine ganz besondere Landschaft entstand, deren Reiz sich keiner entziehen kann, der durch den weißen Sand stapft. Für Marion Dönhoff, so schien mir, waren diese Fahrt und die kurze Wanderung auf der Nehrung etwas Besonderes. Es war, als ob sie noch einmal ganz intensiv alles in sich aufnehmen und als Bild bewahren wollte. Wir waren eine kleine Gruppe, doch schien sie allein bleiben zu wollen. „Man spürte ihre Vertrautheit mit der Natur“, erinnerte sich ihr Großneffe Friedrich später.

Im Hafen von Nidden liegt ein nachgebauter Kurenkahn mit den hochgezogenen schmalen Segeln.

Der Dom in Königsberg (1333) wurde mit Geldern aus Deutschland wieder aufgebaut. Er liegt auf einer Insel, dem Kneiphof, umgeben vom Pregel. Ursprünglich war die Dominsel eng bebaut. „Der Altstadt die Macht, dem Kneiphof die Pracht", hieß es in einem Volkslied. Die Pracht ist einem ansehnlichen Park gewichen, in dem die Kaliningrader gerne promenieren.

Ostpreußen: Pferdeland – Stuten mit Fohlen auf den Weiden von Georgenburg. Neben dem legendären Trakehnen, dem „Heiligtum der Pferde“, wie der Schriftsteller Rudolf G. Binding das Hauptgestüt nannte, war das nur wenige Kilometer entfernte Georgenburg ein weiteres wichtiges Zentrum der Zucht von edlen Pferden in Ostpreußen. Im Gegensatz zum ehemaligen Trakehnen wird das heutige Maewka wie einst als großes Gestüt mit mehreren hundert Pferden fortgeführt. Sein Besitzer ist ein in Österreich lebender Russe, der das große Geld mit Öl aus Sibirien verdient.

Die Haffseite der Kurischen Nehrung in ihrem heute russischen Teil bei Rossitten: „Die Kurische Nehrung ist so merkwürdig“, schrieb Wilhelm von Humboldt im Oktober 1809, „daß man sie eigentlich ebensogut als Spanien und Italien gesehen haben muß, wenn einem nicht ein wunderbares Bild in der Seele fehlen soll. Ein schmaler Strich toten Sandes, an dem das Meer unaufhörlich an einer Seite anwütet – den an der anderen eine ruhige, große Wasserfläche, das Haff, bespült.“

Nidden – der Blick auf die Hohe Düne mit ihren Kiefernwäldern. „Man findet einen erstaunlich südlichen Einschlag. Das Wasser des Haffs ist im Sommer tiefblau, es wirkt wie das Mittelmeer. Es gibt dort eine Kiefernart, Pinien ähnlich", hatte Thomas Mann über seinen ersten Anblick dieser Bucht geschrieben und sie „unser Portofino" genannt. Die Dünenwelt zwischen den beiden Wassern verglich Mann mit der im Norden von Sylt: „Man muß sie sich verfünffacht denken, man glaubt, in der Sahara zu sein … Alles ist weglos, nur Sand, Sand und Himmel. Immer wieder überkommt mich hier der Eindruck des Elementarischen, wie ihn sonst nur das Hochgebirge oder die Wüste hervorruft."

1992

Kurenwimpel in Nidden. Die Tradition der geschnitzten Wimpel hat sich erhalten: Kurenkahn, Kiefer, Düne, Elch und Leuchtturm. Ursprünglich dienten diese hölzernen Wimpel als Kennzeichen für die schweren, dunklen Kähne, mit denen im Haff gefischt wurde. Farben und Muster des Mittelschildes gaben Auskunft über die Herkunft der Boote.

Die stille Seite der Nehrung in der Morgendämmerung. Das Kurische Haff mit seinen Schilf- und Binsengürteln war einst das größte Brackgewässer in Deutschland – dreimal größer als der Bodensee.

Solche Bilder: das Fallen der Blätter, die blaue Ferne, der Glanz der herbstlichen Sonne über den abgeernteten Feldern, das ist vielleicht das eigentliche Leben. Solche Bilder schaffen mehr Wirklichkeit als alles Tun und Handeln – nicht das Geschehene, das Geschaute formt und verwandelt uns.

Marion Dönhoff
Ritt durch Masuren, 1941

Mai 1995. Mikolajki, Deutschen bekannt als Nikolaiken, ist ein kleiner Ort im Herzen Masurens. Hier machte Marion Dönhoff Rast, als sie im September 1941 mit ihrer Cousine Sissi Lehndorff von Allenstein nach Steinort ritt. Der Ort hat sich verändert und auch wieder nicht. Um den Marktplatz stehen immer noch die kleinen Häuser wie vor einem halben Jahrhundert. Segelyachten liegen festgetäut am Ufer wie schon immer, denn Nikolaiken war ein zu allen Zeiten gern besuchter Ferienort. Die Gemeinde achtet darauf, dass er nicht durch zu viele Ferienhäuser und Hotelbauten seinen Charakter als masurisches Kleinod verliert.
Allerdings gibt es da einen veritablen Fremdkörper: Das Golobiewski. Es ist das größte Ferienhotel in ganz Polen und hat all den Schnick-Schnack, den ein solches Domizil meint haben zu müssen: eigenen Hubschrauber, alle Arten von Wasserspielen in diversen Badelandschaften, Disco, Kegelbahnen. Hier tanzt die polnische Schönheitskönigin mit der jeunesse dorée aus Warschau, hier lassen sich Russinnen aus dem zwei Autostunden entfernten Kaliningrad (wenn die Grenzabfertigung denn zügig vor sich geht) massieren, während ihre dollar- und euroschweren Männer in der Sauna schwitzen. Hewlett Packard gönnt seinen Jungmanagern aus Warschau ein Wochenende, steckt sie in weiße Laken und lässt sie alte Römer spielen. Hier tobt das Leben, während „Hockeyisten" – so nennen die Polen etwas frech deutsche Heimwehtouristen, von denen viele altersgebeugt am Stock gehen – dem Treiben etwas irritiert zuschauen und sich innerlich auf den Ausflug zur Wolfsschanze vorbereiten. Der kleine Herr Golobiewski, ein sympathischer, älterer Herr, reich geworden mit Bonbons, zählt seine Zlotys und wird dabei immer gelassener. Er ist ein Gönner und Sponsor der Schule, von der jetzt die Rede ist.
Nicht weit vom Marktplatz liegt ein großes rotes Backsteingebäude, in dessen rechtem Flügel eine Schule, ein privates Gymnasium, untergebracht war. Für die Schule war dieser letzte Sonnabend im Mai 1995 ein besonderer Tag, denn die Abiturienten bekamen ihre Zeugnisse ausgehändigt und von nun an sollte das Gymnasium den Namen von Marion Gräfin Dönhoff tragen. Die Abiturienten begrüßten die Namenspatronin mit Handkuss oder Knicks und diese bedankte sich unsentimental: „Natürlich bin ich stolz auf die persönliche Ehrung, aber vielleicht noch wichtiger ist mir diese Entscheidung als Zeichen der Versöhnung zwischen Polen und Deutschen."

Nikolaiken oder Mikolajki war und ist ein beliebter Ferienort für Wassersportler im Sommer und Eissegler im Winter. Hier befindet sich auch das Marion Dönhoff Lyceum.

In Allenstein begann am 27. September 1941 der fünftägige Ritt von Marion Dönhoff und ihrer Cousine Sissi Lehndorff durch Masuren. Sie werden viele kleine Waldseen wie den Lanskerofener See passieren und „endlos flache Hügel mit Steppengras“.

Der Ritt führte vorbei am Pupper See, an der Försterei Friedrichsfelde und an dem kleinen Ort Schuttschenofen, am Rande der Johannisburger Heide. „Irgendwo unterwegs läuten die Glocken am Nachmittag."

Begonnen hatte die masurische Liebesgeschichte im Mai 1991 mit ein paar Zeilen in der ZEIT: „In Polen wächst das Interesse an deutscher Sprache und Kultur. Es mangelt jedoch an Deutschlehrern." Frank Dombrowski, von Geburt Königsberger, von Profession Pädagoge, meldete sich, ging nach Mikolajki und wurde dort heimisch.

Jahr für Jahr fuhr Marion Dönhoff zur Abiturfeier nach Mikolajki, redete knapp und eindringlich den Schülern ins Gewissen. Ihre Botschaft: „Wenn ich Ihnen etwas auf den Lebensweg mitgeben soll, wäre es der Wunsch, Sie möchten sich immer um Toleranz und Liberalität bemühen. Und zweitens, hüten Sie sich vor übertriebenem Nationalismus. Und vor der Geldgier, die heute so viele Menschen in Ost und West ergriffen hat, Geld ist nicht das Wichtigste im Leben."

Aber für die Schule, die ja eine private ist, war und ist Geld nicht unwichtig. Sie schaffte es heran, mobilisierte die ZEIT-Stiftung, bohrte nach vielen Quellen, um ein neues Schulgebäude zu bauen. Zwei Monate nach ihrem Tod zogen im Mai 2002 Lehrer und Schüler dort feierlich ein. In der Eingangshalle steht eine Bronzebüste von ihr. Und ein Jahr später, wieder am letzten Sonnabend im Mai, feierten sie dort ihr Abitur. Eine deutsche Reisegruppe, die auf den Spuren Marion Dönhoffs durch Ostpreußen wandelte und gerade aus Kaliningrad kam, überreichte den Jungen und Mädchen Rosen und schloss sich ihnen an, als alle, Schüler, Eltern und Freunde, zur traditionellen Dampferpartie auf dem Spirdingsee aufbrachen.

Die masurischen Seen haben ihren ganz besonderen Charme. Im so genannten Ostpreußenlied werden sie besungen: Land der dunklen Wälder/und kristallnen Seen,/über weite Felder/lichte Wunder gehn. Bei schönem Wetter liegen sie ruhig da, gesäumt von undurchdringlich scheinenden Wäldern. Mehr als 3000 gibt es von ihnen, nicht selten bilden sie eine Kette von 50 Kilometer Länge. Der Spirdingsee, auf dem die Gesellschaft der Marion-Dönhoff-Schule fröhlich feiernd dahinschipperte, ist der größte See Polens. Die deutsche Reisegruppe kannte sich aus. Sie wusste genau, dass hier in Wierzba, an dem sie langsam vorbeiglitt, die Reiterinnen Marion Dönhoff und Sissi Lehndorff ihre schnaubenden Pferde auf die höllisch lärmende Fähre bugsierten, die sie über den Beldahn-See setzte, von wo aus es nach Nikolaiken nicht mehr weit war. „Für 85 Pfennig", rief ein Dönhoff-Fan. Die Fähre gibt es immer noch, auch wenn sie sich zu einem modernen Gefährt mauserte. In Wierzba steht ein komfortables Gästehaus, in dem Warschaus Intelligenzia absteigt.

Acht deutsche Reiter wiederholten zu Ehren Marion Dönhoffs an ihrem 90. Geburtstag im Herbst 1999 ihren Ritt durch Masuren. Der Rechtsanwalt und Notar Martin Sichtermann aus Aurich hatte die Idee, zusammen mit seinem polnischen Freund Marek Musuierz setzte er sie in die Tat um. Auf den Tag genau 58 Jahre später begann der Ritt. Martin Sichtermann schrieb einen kleinen Bericht für seine eigene Erinnerung: „27. September 1999. Auf der Verladerampe von Allenstein steht ein großer Güterwagen, aus dem acht deutsche Reittouristen und zwei polnische Begleiter ihre Pferde auf die Rampe lassen. Es ist 5.40 Uhr, halbdunkel. Es geht dann quer durch Allenstein, eine aufstrebende polnische Stadt mit großen Wohnvierteln und Industrieanlagen, in südliche Richtung, bis wir dann nach einer guten Stunde die Hauptstraße verlassen und auf naturbelassene Nebenwege abbiegen können.

In Reußen ist der Stop vor dem früheren Gasthaus, wir haben herrliche Tage erwischt mit Mittagstemperaturen über 20 Grad, nachts einen hohen leuchtenden Sternenhimmel mit sichtbar abnehmendem Mond. Wir reiten ein in die Vorläufer der Johannisburger Heide, ein Gebiet mit großen Waldungen, das sich über viele Kilometer nach Osten erstreckt und uns die nächsten zweieinhalb Tage begleitet hat.

Marek hat es geschafft, ein abgezäuntes und militärisch bewachtes Gebiet geöffnet zu bekommen, so daß wir auch bei unserem Vorhaben bleiben können, den Weg so originalgetreu wie möglich nachzureiten. Wir reiten westlich des langgestreckten Lanskerofer Sees entlang, links vom See ansteigend alte Baumbestände und wunderschöne sandige Reitwege. Die Blätter der Bäume sind bunt gefärbt, die Pferde rascheln im Laub und von Tag zu Tag wird der Eindruck herbstlicher werden ...

Nach vielstündigem Ritt – wir hatten fünf Tag lang Reitzeiten von nicht unter acht Stunden – kommt das frühere Forsthaus Hartigswalde in Sicht, dort bleiben die Pferde, nach Besichtigung entschließt sich ein Teil der Reiter eine nahegelegene Pension aufzusuchen, die anderen bleiben in Privatquartieren in dem deutlich vernachlässigten Hause, das jetzt von sechs Familien bewohnt wird. Abends haben wir ein ausgiebiges Abendessen mit Lagerfeuer auf der nebenbei gelegenen Weide, hinter uns der schwarze Waldgürtel, vor uns das zusammenfallende Feuer und über uns die immer stärker heraustretenden Sterne und der Mond.

Am zweiten Tag brechen wir um 6 Uhr auf nach ausgiebigem Frühstück im Hause, mit Eiern, Würstchen und verschiedenen Omeletts. Es geht ziemlich genau nach Osten, ausgedehnte Waldungen begleiten uns, in denen immer wieder einzelne riesige alte Bäume auffallen."

Marion Dönhoff schrieb über den Aufbruch von Hartigswalde: „Wieder ist der Himmel blau, aber heute ist alles weiß bereift. Nachts waren 4 Grad Kälte, unsere Pferde sehen etwas mürrisch aus, weil ihnen das synthetische Mischfutter – Hafer gibt es hierzulande nicht – schlecht schmeckt ... Sonntägliche Stille liegt über dem Land und den beiden kleinen Dörfern, die wir passieren."

Martin Sichtermann und sein Trupp blieben auf den Spuren der beiden Reiterinnen. Er notierte: „In den kleinen Dörfern ist die Zeit stehengeblieben, auffallend die in Ziegelstein durchgängig errichteten Schulgebäude mit Schulraum und Lehrerwohnung, die sich von den anderen kleinen Häusern abheben und ebenso wie andere Verwaltungsgebäude von Stil und Plazierung ins Auge fallen. Manchmal ist auch die Tafel mit dem Baujahr noch vorhanden, die meisten Gebäude stammen aus der Zeit vor dem Ersten Weltkrieg. Auf den landwirtschaftlichen Freiflächen sehen wir an diesen Tagen viele Gänse, die dort einfallen, um liegen gebliebenen Mais zu fressen, am Himmel machen uns die großen Schwärme von Gänsen und Kranichen durch ihr Geschrei aufmerksam.

Auch wenn häufiger an Straßen entlanggeritten werden muß, bleibt als Eindruck die Ruhe der großen Wälder, darin unsere Gruppe von fünf Frauen und drei Männern, das Schnauben der Pferde, irgendwelches leichtes Klappern und Knarren des Sattelzeuges und gelegentlich das Bellen der Hunde, wenn sie irgendwo eine Spur aufnehmen.

Friedrichsfelde gibt es nicht mehr, übriggeblieben ist eine große Scheune, und wir übernachten in der Nähe in einer Oberförsterei, abends ein fürstliches Essen; wir durften uns an der Vertilgung des am Tag zuvor geschossenen Wildschweines entscheidend beteiligen. Am Morgen bleibt uns in Erinnerung der Bodennebel über den Weiden, darin die kleinen Kuhherden und die über dem Wald aufziehende Morgensonne.

Der Weg führt uns nun zum Beldahn-See, der Ort Niedersee (Rudzynna) zieht sich ziemlich in die Länge, dann geht es durch sehr schönes hügeliges Waldgelände östlich des Beldahn-Sees zur Fähre nach Nikolaiken. Alle Pferde, auch die zwei meist freilaufenden Handpferde, passen auf das immer noch altertümliche Etwas, was uns im Sonnenschein über den See auf das Nikolaiker Ufer bringt, und wir reiten am südwestlichen Teil des Spirdingsees nach Nikolaiken ein. Diesmal ist der ehemalige Bürgermeister dieser aufstrebenden kleinen und hübschen Stadt unser Gastgeber, das Abendessen findet in einem sehr großzügigen Jagdzimmer statt, die Pferde sind draußen geblieben und wie früher beim Militär an einem langen hoch aufgehängten Seil mit ihren Stricken festgebunden, so daß sie um sich herum ein wenig grasen können.

Am Morgen reiten wir am Dönhoff-Gymnasium vorbei, quer durch den Ort Richtung Osten, über eine landwirtschaftlich genutzte Halbinsel am Nordufer des Spirdingsees entlang, sehen die früheren Güter liegen, die heute häufiger nicht mehr bewirtschaftet werden und langsam verfallen ...

Östlich Lötzen ist die vorletzte Station, die Pferde bleiben auf dem nun von einem Warschauer Unternehmer gekauften Gut Lindenhof, das mit Milchvieh bestückt ist. Die Wohngebäude sind nicht mehr vorhanden, wir übernachten in der Nähe."

„Nachdem die Pferde einen abendlichen Trunk aus dem Ublick-See geschöpft haben, traben wir die letzten Kilometer bis zu dem Gut Lindenhof", schrieb Marion Dönhoff damals, wo sie hoffte auf Herrn Bludau, einen bekannten Pferdezüchter, zu treffen, „von dem wir annehmen, daß er vielleicht Sinn für unsere Unternehmung und Hafer für unsere Pferde haben wird". Er hatte.

Martin Sichtermann ist wie jene beiden Reiterinnen von der Landschaft beeindruckt. Er schreibt: „Einerseits kommen Gedanken, man sei schon unendlich lange unterwegs, andererseits kommt bei dem letzten Reittag eine gewisse Wehmut auf. Immer wieder gibt es zauberhafte Ausblicke in die Landschaft, wechselnd Wälder, Felder, große und kleine Seen. Wir sehen einmal rastende Kraniche in großer Zahl, die durch ihr teilweise amüsantes Auftreten auf sich aufmerksam machen.

Dann kommt Haarsch in Sicht, hier gibt es den einzig dicken Schauer, und der Wind treibt den Regen vom Dargeinensee quer durch die Alleebäume.

Die Fähre nach Steinort ist durch eine große Brücke ersetzt, nach rechts hat man den unendlichen Blick über den Mauersee, nach links auf den Dargeinensee, dann wendet sich die Straße etwas nach links, einige kleine Anhöhen und wir sind in Steinort.

Das Schloß der Lehndorffs steht leer. Die Dächer sind mit Dachpappe vorläufig abgedeckt, der Park mit den riesigen Eichen völlig verwildert, am See hat ein Warschauer Yachtclub eine große Marina gebaut. Wir reiten in den Park und finden auch die Hauptquerallee, reiten zum alten Teehaus, um in der hereinbrechenden Abenddämmerung einen Eindruck von der Anlage zu bekommen ..."

„Mit jeder Zeile, die ich las, wuchs mein Neid", schrieb Marion Dönhoff an Martin Sichtermann, der ihr den Bericht geschickt hatte. „Ich freue mich, daß Sie es genossen haben und daß Sie soviel Sinn für Ostpreußen haben."

Die 32 Jahre alte Marion Dönhoff verfasste den Bericht über ihren Ritt drei Monate, nachdem Hitler im Juni 1941 die Sowjetunion überfallen hatte. Sie schien zu ahnen, dass dieser Ritt ein letzter gewesen sein wird. Noch einmal nahm sie intensiv die Schönheiten der ostpreußischen Landschaft auf, mit all ihren Farben und Gerüchen. Es müssen wunderschöne Tage gewesen sein, Altweibersommer war's. „Die Sonne färbt die Kieferstämme glühend rot und läßt das Buchenlaub in allen Schattierungen von leuchtendem Gold bis zum tiefen Kupferton erstrahlen. Herr Gott, wie schön diese Welt ist – sein könnte."

Altweibersommer – in Ostpreußen erzählte man sich die Geschichte von einem besonders höflichen Kutscher: Er bringt die Mutter der Gutsherrin zum Bahnhof. Überall Spinnfäden des Altweibersommers. Der Kutscher dreht sich von seinem Kutschbock zu der alten Dame: „In diesem Jahr haben wir den Sommer der alten gnädigen Frau schon sehr früh."

Zurück nach Masuren. Am Beldahn-See, unweit Ukta, liegt „Masurski Eden", ein verrücktes Hotel. Hier träumt ein Psychotherapeut aus Warschau einen skurrilen Traum: Er möchte die Kultur der Galinder wieder zum Leben erwecken. Was ihm einigermaßen schwer fallen dürfte, denn viel ist von den Pruzzen – zu denen die Galinder, die Berten, die Nadrauer und andere Volksstämme gehörten, nicht übrig geblieben. Sie hausten in den Wäldern,

Und immer wieder kleine Waldseen. Die Reiterinnen setzten mit ihren Pferden über den Beldahn-See, wo die Fähre durch ein moderneres Gefährt ersetzt worden ist. Der Marktplatz von Mikolajki hat sich seit den Nikolaiker Zeiten kaum verändert. Vielleicht gibt es ein paar Touristen mehr.

als vor 750 Jahren die frommen Ordensbrüder aus dem Westen über sie herfielen und sie zum Christentum bekehrten. Ungestört fischten sie, jagten und verbrachten, so ist überliefert, ihre Zeit mit viel Schlaf. Und es heißt: „Mit den Weibern waren sie ganz ohne Scham, sie vertauschten sie, wie es ihnen gefiel.“ Ihre Götter waren zahlreich und wachten über Vieh, Regen, Sonne und sorgten für schöne Frauen und für Kindersegen.

Perkunas war einer ihrer Götter, der noch lange, bis ins christliche Preußen hinein, verehrt wurde. Jener Warschauer Arzt hat ihn und all die anderen Götter nun in Holz geschnitzt und veranstaltet „bluttriefende“ Happenings, um die alten Riten zu beleben. Er errichtet Scheiterhaufen, auf denen er seine Gäste den Göttern opfert – zum Schein!

In seiner „Pruzzischen Elegie“ setzte Johannes Bobrowski, geboren 1917 in Tilsit, den Ur-Ostpreußen ein Denkmal.

Auf dem Dommelhof bei Nikolaiken bekamen die Reiterinnen ein kräftiges Frühstück.

Volk
der schwarzen Wälder,
schwer andringender Flüsse,
kahler Haffe, des Meers!
Volk
der nächtgen Jagd,
der Herden und Sommergefilde!
Volk
Perkuns und Pikolls,
des ährenumkränzten Patrimpe!
Volk
wie keins der Freude!
wie keins, keins! des Todes –

Ein rechter Ostpreuße, voller Respekt vor den Pruzzen, bewahrte in seinem Innersten den Glauben an die alten Götter. Sein Aberglaube wäre einer Dissertation würdig.

Bei Ukta schlängelt sich die Kruttinna durch Masuren. Sie ist unbestritten der malerischste Fluss Ostpreußens. Auch die Polen kennen keinen schöneren und nennen ihn, wie er schon immer genannt wurde, „die Perle Masurens“, Windungen durch Wälder, Wiesen, Felder und Seen – hundert Kilometer zieht sie sich hin unter Bäumen, die sich schützend wie ein Dach über den Fluss legen. Als junges Mädchen ist Marion Dönhoff hier einige Male mit Freunden gepaddelt. Die Boote gleiten lautlos durchs Wasser. Ganz vereinzelt taucht ein Haus am Ufer auf, sonst nur Wald, Wiesen und Schilf. Störche staksen durch die Wiesen. Flaches Wasser, auf dem Grund Steine und grüne Moose. Alles scheint in sich zu ruhen. Wohin der Blick schweift: Ruhe. Und doch bewegen sich die Zweige und Blätter, die Wipfel der Bäume und die schmalen Schilfrohre. Alles ist in Bewegung und erscheint doch regungslos. Ein uraltes Frauchen, eingepackt in schwarze Tücher, sitzt am Ufer. Es angelt. Die Zeit ist stehen geblieben an der Kruttinna.

Am Dörfchen Kruttinna verfrachten junge Polen eine Busladung Touristen in ihre Boote und staken durch den Fluss. Die Herrschaften albern und singen. Nach zwei Stunden erklimmen sie den Bootssteg und machen Halt bei dem Büdchen, wo ihnen Häkeldecken und Honig offeriert werden. Dann ab in den Bus und zurück nach Mikolajki ins Golobiewski.

Friedrich Dönhoff schildert, wie er mit seiner Großtante nach einer Abiturfeier in Mikolajki im Zweispänner über unebene Sandstraßen fuhr. Die Pferde geben das richtige Tempo vor, um die Landschaft zu erleben. Bei der Fahrt im Auto rasen die Dörfer und Seen vorbei, du hast alles gesehen und nichts geschaut. Die Sandwege sind weich, sie fuhren vorbei an Blumenwiesen und kleinen Gehöften, wo ein Hahn kräht, an Kuhweiden und Pferdekoppeln.

Masuren ist häufig und liebevoll beschrieben worden, beispielsweise von dem Schriftsteller Ernst Wiechert, der 1887 als Sohn eines Försters in Kleinort (Tierslawek) geboren wurde. Sein Geburtshaus, in dem zwei Räume zu einem kleinen Museum hergerichtet wurden, wird gerne besucht. In „Wälder und Menschen“ erinnert er sich an das Dörfchen Kruttinnen: „Durch viele Jahre meines Lebens ist dieser Ort mir als der Inbegriff des Herrlichen, des Abenteuers und der zauberischen Verschlossenheit erschienen. Wahrscheinlich enthielt er von all diesen Dingen nicht mehr als andere Walddörfer meiner Heimat, aber nirgends auf der Welt gab es so viele Seen und Moore, so viele Reiher und Adler, so viele Jäger mit wunderbar schimmernden Büchsen, so viele uralte Eichen und so viele süße Himbeeren wie auf der zweistündigen Wagenfahrt zu unserem Forsthaus nach dem großelterlichen Hause.“

Luftaufnahme des Dargeinensees. Am Ublick-See, wo die Reiterinnen ihre Pferde tränkten, liegt im Wald eine Grabstelle, die Anfang der 90er Jahre restauriert wurde. Hier sind Angehörige der Gutsbesitzerfamilie Kullack-Ublick begraben.

In Steinort, dem Besitz von Heinrich von Lehndorff, einem Mann des 20. Juli, endete der herbstliche Ausflug der beiden Reiterinnen. Das Schloss verfällt, wie auch der Pavillon im Park mit den uralten Eichen. Ein Pferdegespann zieht seiner Wege. Die Pferde geben das richtige Tempo vor, um eine Landschaft zu erleben.

Und da ist natürlich Siegfried Lenz, 1926 in Lyck geboren, in Hamburg heimisch geworden, ein guter Freund Marion Dönhoffs, wie sie Ehrenbürger der Hansestadt. In seinem viel gelesenen „So zärtlich war Suleyken" schreibt er über seine Heimat Masuren: „Ich denke an tief an den Boden geduckte Strohkaten, an die viel erwähnte Unberührtheit der Seeufer. Ich denke an eingeschneite Höfe inmitten terroristischer Winter, an den zögernden Wuchs genügsamer Kiefern, an lautlose Heide und an unentmutigte Armut auf sandigen Feldern, Rauchfahnen von kleinen, altmodischen Schleppern stehen in der Luft, behäbige Fahrzeuge, die große Flöße über die Seen transportieren, die Stille schilfbestandener Buchten, das flimmernde Geheimnis der Moore, der quietschende Treck der Pferdewagen zu den Märkten, das trübselige Schweigen zahlreicher Kriegerdenkmäler: all dies gehört zur Landschaft Masurens."
Klaus Bednarz, der bekannte und kluge Fernsehjournalist, aus Masuren stammend, fragte Marion Dönhoff einmal: „Was bedeutet heute für Sie Masuren?" „Es ist einer der schönsten Landstriche der Welt", antwortete sie, „jetzt gehört er den Polen, früher gehörte er uns. Für mich ist wichtig, daß es noch diesen schönen Himmel gibt, die herrlichen Seen, die Wälder. Ich bin ohne jedes Ressentiment hier. Für mich ist Landschaft immer gleich Heimat gewesen. Mehr als alles andere. Und so fühle ich mich hier auch immer noch zu Hause. Immer wieder." Doch auf Dauer wolle sie hier nicht leben, ganz einfach weil sie nicht polnisch spreche. „Wer möchte denn auf Dauer in einem Land leben, dessen Sprache er nicht kennt?"
In Steinort am Mauersee endete der Ritt Marion Dönhoffs und ihrer Cousine Sissi. Als Theo Sommer, ihr ZEIT-Kollege, und ich sie 1994 zur Abiturfeier nach Nikolaiken begleiteten, machten wir eine große Tagestour ins Land. Sie führte uns auch nach Steinort. Ich weiß nicht, was Marion Dönhoff beim Anblick des vor sich hin bröckelnden Lehndorff-Schlosses empfunden hat. Ein freudiges Erkennen war es sicher nicht. Zu traurig ist der Zerfall Steinorts, das auf dem Schornstein nistende Storchenpaar war da kein Trost. Die uralten Eichen im Park, um 1600 wurden sie gepflanzt, hatten den Zeitläuften getrotzt. Sie hätten uns viel erzählen können.
Steinort war seit dem 16. Jahrhundert im Besitz der Grafen Lehndorff, die mit dem Ritterorden ins Land gekommen waren. Über die Jahrhunderte wurden immer wieder Lehndorffs in hohe Staatsämter berufen. Unter ihnen war ein Ernst Ahasverus, der ab seinem 21. Lebensjahr dreißig Jahre lang Königin Elisabeth Christine (1715–1797), der Frau Friedrichs des Großen, als Kammerherr zur Hand ging. Seine Tagebücher, auf französisch verfasst, sind eine höchst amüsante Quelle, aus der man viel über die Zustände am preußischen Hof erfährt. Sie erschienen 1906 auf deutsch, eine Auswahl 1982. 1767 reiste dieser Lehndorff von Berlin nach Steinort. Die Fahrt muss arg strapaziös gewesen sein, sie dauerte 14 Tage. Er schreibt: „In Drengfurt fand ich schon die Mehrzahl meiner Bauern vor; sie warteten zu Pferde auf mich, um mir das Geleit zu geben, und ich war tief gerührt über den Beweis der Anhänglichkeit der armen Leute. ... Mit süßem Behagen genieße ich das Landleben. Ich lasse im Garten einige Veränderungen vornehmen, lasse die Alleen aushauen und bin so mit Leib und Seele bei diesen Arbeiten, daß ich mit Josua ausrufen möchte: Sonne, bleibe stehen!"

Die Dönhoffs sind mit Lehndorffs durch fast alle Generationen hindurch verbandelt. Eine tiefe Freundschaft verband Marion Dönhoff mit ihrem Vetter Heini. Er war seit 1936 Besitzer von Steinort. Heinrich Lehndorff gehörte zu dem Kreis der Verschwörer gegen Hitler. Am 4. September 1944 endete sein Leben am Galgen in Plötzensee. Marion Dönhoff hat ihm und anderen Freunden, die nach dem 20. Juli, dem Tag des Attentats auf Adolf Hitler, hingerichtet wurden, in dem Buch „Um der Ehre willen" ein Denkmal gesetzt. „Nichts konnte schlimmer sein, als alle Freunde zu verlieren und allein übrig zu bleiben", lautet der letzte Satz in diesem Buch.

„Mazurski Eden" liegt weit abseits der Straße am Beldahn-See. Das Hotel gehört einem Arzt aus Warschau, der die Kultur pruzzischer Stämme wieder zum Leben erwecken will. Ihre Götter verewigt er in Holz.

„Die Landschaft ist unvergesslich schön“, notiert Marion Dönhoff über den Spirdingsee: „Echtes Masuren, so wie wir es von unseren Paddeltouren her kennen … Wir reiten während etwa 2 Stunden am Ufer, eigentlich muß man schon sagen, an der Küste des Spirding entlang. Das ist wirklich ein gewaltiger See und so blau, daß man es kaum glauben kann.“ Das gut einhundert Quadratkilometer große Gewässer wird auch das „Masurische Meer“ genannt.

Das Forsthaus Hartigswalde war das erste Nachtquartier der Reiterinnen. Es hat seinen Charme auch nach über einem halben Jahrhundert bewahrt. Am Hartigswalder See hatte der zweite Tag des Masuren-Rittes von Marion Dönhoff begonnen. Nicht weit von hier wuchs der Schriftsteller Ernst Wiechert in einem Forsthaus auf und hat dieser mystischen Landschaft immer wieder literarische Denkmale gesetzt. „Weil ich als Kind die Wälder schweigen und wachsen sah, konnte ich immer ein stilles Lächeln für das aufgeregte Treiben haben, mit dem die Menschen ihre vergänglichen Häuser bauten. Es war, als trüge ich andere Gesetze und Maßstäbe in mir, größere und strengere“, schreibt er in seinem biografischen Rückblick „Wälder und Menschen“.

Im Stakboot auf der Kruttinna, der Perle Masurens. Sie ist der schönste Fluss Ostpreußens und schlängelt sich, ständig unentschlossen, in welche Richtung sie denn fließen soll, in ungezählten Windungen durch Wälder, Wiesen, Felder und Seen. Die Fahrt mit den traditionellen Stakkähnen durch die grünen Gewölbe der überhängenden Urwaldbäume gehört heute zu den größten Touristenattraktionen in Masuren.

„Ostpreußens Herbst setzt seine flammenden Leuchtzeichen in die grübelnde Landschaft", liest man bei Ralph Giordano. Holperiges Kopfsteinpflaster deckt noch manche Straße zwischen den abseitigen Dörfern und Weilern in Masuren, daneben der alte, unbefestigte Sommerweg, der Pferdehufen und eisenbereiften Holzrädern der Ackerwagen zuträglicher war als die gepflasterte Straße.

Goldene Tage am Paterschobensee. „Herr Gott, wie schön diese Welt ist – sein könnte", hält Marion Dönhoff in ihrem Tagebuch über ihren Ritt durch Masuren fest. „Es ist ein beseligendes Gefühl, so durch das herbstliche Land zu reiten, ganz leicht und beschwingt fühlt man sich, fern von aller heimatlichen Begrenzung und den Sorgen des Alltags. Unendlich fern ist sogar die Sorge um das, was noch kommen wird, die einen sonst doch auf Schritt und Tritt begleitet."

„Wo vieles zerstört wurde, empfinden wir als Glück, was uns blieb“, schreibt Christian Graf Krockow in seiner „Begegnung mit Ostpreußen“ und wird nicht müde, das Lied auf „eines der verbliebenen Wunder dieser Erde – die Alleen Ostpreußens“ anzustimmen: „Eine Gotik der Natur, von Menschen gemacht … Wahre Dome von Grün sind das. Einer immer prächtiger als der andere, inflationär durch die Landschaft gezogen.“

Der Tag verabschiedet sich mit einem melancholischen Sonnenuntergang am Kraukeler See, den Marion Dönhoff und Sissi Lehndorff am letzten Tag des Herbstritts 1941 umrundeten. „Immer wieder gibt es zauberhafte Ausblicke in die Landschaft, wechselnde Wälder, Felder, große und kleine Seen“, schreibt Martin Sichtermann, der mit Freunden den Fünftage-Ritt im September 1999 nachgeritten ist.

Masurisches Stillleben mit Hungerharke bei Kruttinnen. „Wieder ist der Himmel blau, aber heute ist alles weiß bereift. Nachts waren 4 Grad Kälte, unsere Pferde sehen etwas mürrisch aus ...", so beginnen Marion Dönhoffs Eintragungen für den zweiten Tag im Sattel. Und frostig-glitzernd zeigt sich die Landschaft im Herbst 2003 auch dem Fotografen am zweiten Morgen seiner Motivsuche auf den Spuren der beiden durch Masuren reitenden Cousinen.

Ich bin ja ein Landmensch.
Da ist wohl auch ein Schuß Heimweh mit dabei.

Marion Dönhoff, 2001

Es wurde eine große Landpartie, die Theo Sommer, ihr Kollege aus der ZEIT, und ich mit Marion Dönhoff im Mai 1994 unternahmen. Von Mikolajki über Steinort, zu vielen Dörfern und Gutshäusern des Ermlands. Sie war bester Laune und ihre 85 Jahre seien „kein Alter nich".

Rastenburg ist immer noch ein Provinznest. Der Dichter Arno Holz (1863–1929) widmete seiner Geburtsstadt ein paar Zeilen: „Das alte Nest! Die alten Dächer! Aus dunklen Linden dort der Turm! Wie klangen sonntags seine Glocken, draußen, fern, wo der Kuckuck rief ... da war's so still."

Die Dächer sind frisch gedeckt, und ein Wegweiser zeigt zur Wolfsschanze, einem wahrlich makabren Ort. Im Stadtwald von Rastenburg, umgeben von den Sümpfen und Seen Masurens, ließ Hitler 1940 ein Hauptquartier errichten. Massive Stahlbetonbunker entstanden hier für ihn, für seine Generäle und diverse Nazigrößen. 240 Hektar groß war das Gelände, es wurde von Tarnnetzen geschützt. Von der Wolfsschanze aus regierte er das tausendjährige Reich allerdings nur knapp 1000 Tage, vom Überfall auf die Sowjetunion im Juni 1941 bis zum November 1944, als der Vormarsch der sowjetischen Truppen auf die deutsche Grenze nicht mehr aufzuhalten war. Deutsche Pioniere jagten das Bunkergelände in die Luft. Übrig blieben gewaltige Mauer- und Deckenreste, kahl und grau, hie und da von einer glitschigen grünen Moosschicht überzogen. Bis 1955 entsorgten polnische Soldaten hier rund 55 000 Minen. Ein paar Jahre später avancierte diese makabre Trümmerstätte zur Touristenattraktion. Die Besucher strömen und stören sich nicht an dem Andenkenrummel, der dort entstanden ist.

In der Wolfsschanze stand auch die Baracke, in der am 20. Juli 1944 Oberst Graf Strauffenbergs Bombe explodierte. Hitler überlebte. Jahrelang weigerte sich das offizielle Polen, die Tat des Widerständlers zu würdigen. 1992 schließlich, am 48. Jahrestag des Attentats, wurde eine Gedenktafel enthüllt. Es ist eine Tafel in Form eines aufgeschlagenen Buches. In Polnisch und Deutsch ist dort zu lesen: „Hier stand die Baracke, in der am 20. Juli 1944 Claus Schenk Graf von Stauffenberg ein Attentat auf Hitler unternahm. Er und viele andere, die sich gegen die nationalsozialistische Diktatur erhoben hatten, bezahlten mit ihrem Leben."

Die Familie Stauffenberg war bei der Enthüllung der Gedenktafel dabei. Zwei Jahre später, am 50. Jahrestag des Attentats, legten hier die Bundestagspräsidentin Rita Süssmuth und der Marschall des polnischen Sejms Kränze nieder. Ein jüngst erschienenes Buch über die Wolfsschanze zeigt in seinem Anhang Fotos von Gruppen in aufgekratzter Ferienstimmung, die das ehemalige Hitler-Quartier besuchen: die gräfliche Familie Dohna in 40facher Ausfertigung, Nobelpreisträger aus aller Welt, Mitglieder einer Gesellschaft zur Förderung der Literatur im Sauerland, polnische Soldaten, Heidelberger Professoren. Jenes Buch vermerkt ferner: „Zu den touristischen Attraktionen der Wolfsschanze gehören die jährlichen Oldtimer-Treffen von betagten Mercedes und Rolls-Royce." Bevor wir uns von diesem Rummelplatz entfernten, ließ Theo Sommer sich beim Kauf einer Bernsteinkette für Tochter Katharina beraten. Marion Dönhoff schien allerdings keine Expertin zu sein – ihr war alles zu teuer!

„Am 27. Januar 1945 erschienen in Rastenburg Panzer der Roten Armee. Es herrschte bittere Kälte von minus 26 Grad. Hier spielten sich Szenen von unvorstellbarer Brutalität und Grausamkeit ab. Viele Leute wurden in ihren Häusern getötet, mehrere niedergeschossen. Am 31. Januar wurde die gesamte Altstadt niedergebrannt. Nirgendwo sind bestialischere Scheußlichkeiten in solcher Vielzahl geschehen wie in Rastenburg. Möglicherweise hing das mit der Nähe des Führerhauptquartiers zusammen", schreibt der Pole Jerzy Szynkowski in einem Reiseführer.

Dönhoffstädt liegt nicht weit von Rastenburg. Ein paar Kilometer nördlich. Es gehörte wie Friedrichstein zu den stattlichen Herrensitzen der Provinz und war, wie dieses, nach Entwürfen von Jean de Bodt Anfang des 18. Jahrhunderts gebaut. Das Schloss besaß eine Eingangshalle, die über zwei Stockwerke ging, über 50 Zimmer und, wie es in einer Beschreibung hieß, es

In der Nähe von Rastenburg mit dem Ordensschloss liegt die „Wolfsschanze“. 1940 wurden hier mehrere Bunker für das Führerhauptquartier Adolf Hitlers gebaut. Eine Tafel in Form eines aufgeschlagenen Buches erinnert an das fehlgeschlagene Attentat vom 20. Juli 1944. Auf polnisch und deutsch ist dort zu lesen: „Hier stand die Baracke, in der am 20. Juli 1944 Claus Schenk Graf von Stauffenberg ein Attentat auf Hitler unternahm. Er und viele andere, die sich gegen die nationalsozialistische Diktatur erhoben hatten, bezahlten mit ihrem Leben.“

Dönhoffstädt, unweit von Rastenburg gelegen, gehörte zu den großen Schlössern Ostpreußens, die auf Wunsch des Pracht liebenden Königs Friedrichs I. Anfang des 18. Jahrhunderts gebaut wurden. Es überstand Krieg und Nachkriegszeit. Pferde gehörten und gehören zu Ostpreußen wie das Amen in der Kirche. Im Gestüt Liski sehen sich die Polen in der Tradition von Trakehnen.
Das 1862–1863 erbaute, nordöstlich von Bartenstein gelegene Juditten (unten rechts) hat fast unbeschädigt die Wirren der Zeit überstanden.

hatte 365 Fenster und zwölf Schornsteine. Ein zu Wohlstand gekommener Dönhoff war der Bauherr, der letzte Dönhoffsche Erbe dieses Besitzes, Stanislaus, fiel 1816 mit 17 Jahren im Duell. Das Schloss, zuletzt im Besitz der gräflichen Familie Stolberg-Wernigerode, überstand den Krieg ohne große Beschädigungen, es wurde zu einer Schule für Traktorfahrer, 1972 renoviert. Seit der Wende steht es praktisch leer. Wie bei vielen der großen Güter, die in Polen zu Staatsgütern wurden, weigerte sich der Staat, sie nach der Wende weiterzuführen und zu unterhalten. Und so wartet auch Dönhoffstädt auf einen neuen Besitzer.

Marion Dönhoff zog es zu den Pferden nach Liski, Liesken hieß es früher. Hier, auf einer einstigen Domäne, wurde bald nach dem Krieg die Pferdezucht neu belebt. Der Gestütsleiter Jacek Pacynski versuchte die Trakehner-Tradition fortzuführen, auch wenn es ihm aus rechtlichen Gründen nicht erlaubt war, die Elchschaufel als Brandzeichen zu benutzen. Dennoch gibt es hier reinrassige Trakehner, deren Stammbaum bis ins 18. Jahrhundert reicht.

Pferdeliebhaber aus Deutschland machen in Liski gerne Halt und verbringen hier ihre Reiterferien, was Geld in die Kasse bringt, denn staatliche Zuschüsse, wie vor der Wende, bekommt das Gestüt nicht mehr.

Ostpreußen war ohne Pferde nicht denkbar. Ulla Lachauer schreibt in „Ostpreußische Lebensläufe“: „Um das Pferd konzentriert sich bei vielen Ostpreußen die Erinnerung an Vergangenes. Es verknüpft die traumatische Erfahrung, die Flucht, mit einer der glücklichsten. Fast sämtliche Landkinder, Jungen wie Mädchen, sind mit Pferden groß geworden, sie sind geritten zum Vergnügen und haben die Pferde geführt bei der Heuernte, sie getränkt und gestriegelt. Der Trakehner war das stolzeste Stück der Ökonomie und mit ihm verbunden war das intensivste Erlebnis der Landschaft. In der Bewegung des Reitens war Ostpreußen sicher am schönsten ... die Ostpreußen waren ein Volk von Reitern.“

In Juditten, ein paar Kilometer nördlich von Liski und zu dem Gestüt gehörend, wurden über Generationen ostpreußische Warmblüter Trakehner Abstammung gezüchtet. Auf dem Weg dorthin stießen wir auf die Grenze zum russischen Teil Ostpreußens und auf das Dorf Schönbruch, wo mehr Störche nisten, als das Nest Einwohner hat. Die Polen amüsiert es immer wieder, dass deutsche Reisende bei jedem Storch, den sie durch Wiesen staksen sehen oder dessen sie hoch in seinem Nest ansichtig werden, in helles Entzücken ausbrechen und ihre Kameras aktivieren. Wir waren ohne Fotoapparat unterwegs, und Marion Dönhoff erzählte von den Anstrengungen größerer Gutsherren in Ostpreußen, ihre Besitzungen zusammenzuhalten. Friedrichstein war wie Juditten Fideikommiss und wurde also stets dem Ältesten vererbt. Güter wurden oft auch in Stiftungen eingebracht, um Familienangehörige zu unterstützen. In Hamburg stieß ich auf eine Stiftungsurkunde, die der Besitzer von Juditten um 1812 verfügt hatte. In ihr heißt es: „Wenn diese Stiftung durch gehäufte Kapitalien zu einer weit ansehnlicheren Größe steigen sollte, so rate ich doch deren Güter und Einkommen stets so zu besitzen, als besäße man es nicht. Und je stärker die Stricke werden wollen, so uns an die Eitelkeit der Welt zu fesseln trachten, desto mehr bemüht zu sein, sich davon loszumachen, sein Herz nicht daran zu hängen, sondern solches auf den ewigen Gewinn zu richten ... Ich rate ihnen, sich nicht durch lächerlichen Modeprunk und durch närrischen Aufwand, prächtigen Hausrat oder glänzende Liebeleien und Equipagen vor anderen auszuzeichnen. Weit vernünftiger ist es, durch Wohltun an Notleidenden sich mit seinem Überfluß einen Schatz auf die Ewigkeit zu sammeln, als tausende von Toren durch das Angaffen und durch die Bewunderung unseres schreienden Aufwandes in Erstaunen zu setzen.“ In einer zeitgemäßen Form abgefasst, könnte der Text von Marion Dönhoff stammen.

Fraglos waren die großen Familien Ostpreußens auf die vielfältigste Weise überkreuz und überquer miteinander verwandt oder verschwägert. Ob sie nun Eulenburg, Finckenstein, Dohna, Dönhoff, Lehndorff oder Groeben hießen. Natürlich kannte Marion Dönhoff Groß Schwansfeld (Labednik), auf das wir zusteuerten und das Groebenscher Besitz war. „Gott allein die Ehr“, so lautet bis heute die Inschrift über dem Eingang des Hauses unterhalb des Wappens der Familie von der Groeben. 1987 wurde das Gebäude unter Denkmalschutz gestellt und von Grund auf renoviert. Von 1673 an war Groß Schwansfeld im Besitz der Familie. Der letzte Besitzer floh 1945 mit seiner Frau im Einspänner über das Frische Haff in den Westen.

In dem Buch „Ostpreußische Gutshäuser in Polen“ beschreibt sein Sohn, Hans Graf von der Groeben, das traditionelle Anmähen des Roggens: „Auf dem Feld mähten bis zu zehn ‚Sensen‘, gestaffelt hintereinander. Hinter jeder Sense band ein Mädchen mit einigen Halmen aus dem Schwad den Roggen zu Garben. Beim Herantreten meines Vaters ergriff das erste Mädchen dann ein paar Halme und sprach: ‚Ich tu mich überwinden/den Herrn Graf zu binden/nicht mit dem Seidenband, sondern mit dem Kornband.‘“ Nach Segenswünschen für den Grafen wurde diesem empfohlen: „Möchte der Herr Graf sich nun entbinden, nicht mit Bier, nicht mit Wein, sondern was dem Herrn Grafen gefällig wird sein.“ Was bedeutete, dass der alte Groeben Geld locker machen und abends im Krug ein „Kranzbier“ spendieren musste.

Groß Schwansfeld präsentiert sich heute recht proper. Es hat einen neuen Wirtschaftshof, neue Wohnhäuser. Nur das Herrenhaus steht wieder einmal leer. Sein letzter Besitzer, ein Warschauer, der ein besserer Zuhälter gewesen sein soll, ist pleite. Die Groebens kümmern sich seit 1995 um die Kirche. Sie haben eine neue Orgel besorgt, haben die Fenster neu richten lassen und Glocken gespendet, die der Erzbischof Dr. Edmund Piszcz aus Allenstein persönlich geweiht hatte. Piszcz ist ein eindrucksvoller Würdenträger von kräftiger Gestalt mit einem schwarzen Hund an seiner Seite. Die protestantischen Groebens hat er in sein Herz geschlossen. Er empfängt sie in seiner prachtvollen Allensteiner Residenz, bewirtet sie mit Quark-Flinsen, einem typisch polnisch-ostpreußischen Gericht, und erzählt, während Gast Fried Groeben

Herrensitze in Ostpreußen: Bansen (oben), Groß Schwansfeld (links) und Bergenthal, die den Krieg überdauert haben. Neue Herren werden gesucht, die die staatlichen Güter kaufen und weiterführen.

den erzbischöflichen Dobermann Alexis mit mitgebrachtem Kauknochen beglückt, vom Heiligen Vater, mit dem er regelmäßig telefoniere, und von Marion Dönhoff, die er in seine Gebete einschließe.

Weiter nach Heiligelinde. Ich weiß nicht, ob Marion Dönhoff, die protestantische Preußin, diesen Wallfahrtsort im katholischen Ermland, den die Reformation ausgespart hatte, wirklich schätzte. Die barocke Kirche, von Jesuiten um 1700 erbaut, könnte ebenso gut in Oberbayern oder Tirol stehen, zwischen all den roten Ordensburgen wirkt dieses Gotteshaus ein wenig fremd in Ostpreußen, aber für Touristen ist es eine überraschende Abwechslung und für die Polen eine willkommene Bereicherung. Hier betete der Heilige Vater, als er noch Erzbischof war. Ein Allensteiner Schriftsteller, Georg Hermanowski, geboren 1918, erinnerte sich „der alten silberbeschlagenen Linde im Mittelschiff der Kirche, von der es hieß, daß in ihr einst die Mutter Gottes erschienen sei ... die Frauen barfuß, oft meilenweit unterwegs, verstaubt und verschwitzt und trotz allem nur strahlende Gesichter vor dem Gnadenbild, das alles ließ jene Strapazen vergessen, die man als Sühne auf sich nahm“.

In der Kirche lockt das Spiel der Orgel, alle halbe Stunde tönt sie für Gläubige und Ungläubige und setzt einen kunstvollen Mechanismus in Gang. Maria, der Erzengel Gabriel nebst Engeln mit Posaunen und Mandolinen, Putten mit Glöckchen bewegen sich wie in einem „himmlischen Kasperletheater“, jedenfalls empfand es Christian Graf Krockow so, als er sich diesem Spektakel aussetzte.

Wohin nun? Rechts? Links? Die Gräfin überlässt uns die Wahl. Wir landen in Bergenthal (Gorowo), einem typischen ostpreußischen Rittergut, nicht zu vergleichen mit den Besitzungen der Dohnas oder Dönhoffs. Das Gutshaus stammt immerhin aus dem 14. Jahrhundert und war in seinen Ursprüngen ein Bau des Ritterordens, der bis ins 18. Jahrhundert immer wieder umgestaltet wurde. Um 1850 kaufte der Basler Patriziersohn Adolf Sarasin das Gut, das bis 1945 im Besitz der Familie blieb.

1980 wurde das Haus von Grund auf renoviert, doch auch hier bedeutete das Ende des Sozialismus in Polen das vorläufige Ende von Bergenthal. Haus und Hof stehen leer und warten auf einen Käufer. Der Enkel des letzten Besitzers erinnert sich: „Mag sein, daß der Großvater besonders eigen war, es gab im Haus und in den Ställen kein elektrisches Licht. Petroleumlampen erleuchteten Mensch und Vieh. Und wenn abends alle um den Tisch saßen und die Lampe ihr Licht warf, zog der Großvater ein weißes Taschentuch aus seiner Brusttasche und legte es über Primkes Kopf. Primke, der uralte schwarze Teckel, lag auf seinem Schoß: ‚Das Hundchen soll nicht geblendet werden.‘“

Die Erinnerungen, die sich um Bergenthal ranken, gleichen denen vieler anderer Ostpreußen, die vom Lande stammen, gleich ob sie auf Bauernhöfen aufgewachsen sind oder auf großen Gütern. Da ist die Rede von den intensiv erlebten Jahreszeiten, den strengen Wintern, wenn aus Seen Eisblöcke geschlagen wurden, von den heißen Sommern, wenn die Ernte eingebracht wurde und die Kinder die Gespanne vor dem Leiterwagen von Hocke zu Hocke „weiterfahren“ und abends die Pferde in die kühle Schwemme reiten durften. Der Erinnerungen an Ostpreußen ist kein Ende. Inzwischen sind die, die damals Kinder waren, zu Zeugen Ostpreußens geworden. Was mag sich da alles vermengen. Erlebtes, Gehörtes und von Bildern Bewahrtes.

Ostpreußische Geschichten oder Witze, wie sie Nicht-Ostpreußen so gerne hören, am liebsten in dem breiten Ostpreußisch, das keiner mehr spricht, kannte Marion Dönhoff kaum. Doch diese Geschichte trug sie uns auf der Rückfahrt vor: „Mikat fährt mit dem Zug nach Königsberg. In sein Abteil steigt ein Mann und begrüßt ihn freudig. ‚Tach, Herr Meyer, wie geht's?‘ ‚Gut.‘ – ‚Na, und die Frau? Die Kinderchen? Alle gesund?‘ – ‚Na ja.‘ ‚Und die Ernte? Mit dem Einfahren fertig?‘ Mikat nickt. Es geht eine Weile so weiter. Als der Mann nun an der nächsten Station aussteigt, da fragt Jakumeit, ein Mitreisender: ‚Hast du einen Hof?‘ – ‚Nei.‘ ‚Na, verheiratet bist du doch auch nicht, haste denn Kinderchens?‘ ‚Nei, nei.‘ – ‚Und Meyer heißt du doch auch nicht. Weshalb sagst du das nich?‘– ‚I‘, antwortet Mikat, ‚was werd ich mit dem Streit anfangen!‘“

„Gräfin, aber Sie streiten doch gerne!“

„Ja, aber nur, wenn's sinnvoll ist.“

Heiligelinde, die barocke Wallfahrtskirche im Ermland, ist beliebt wie eh und je. Der Heilige Vater betete hier.

Abgeerntetes Feld bei Schlodien – der weite Himmel lädt zum Träumen ein. Die endlosen Stoppelfelder waren beliebte „Rennbahnen“ für die Reitenthusiasten auf den Gutshöfen. In ihren Erinnerungen an ihre Kindheit in Ostpreußen schwärmt Marion Dönhoff von den Spätsommertagen: „Erst wenn es Stoppelfelder gibt, Kilometer von Stoppelfeldern, über die man galoppieren kann, dann beginnt die große Zeit des Jahres. Dann muß man einen Trakehner haben ...“

Auch wenn Forstleute die Birken mit ihrem ausufernden Wurzelwerk eher als Unkraut betrachten, haben die hier häufig anzutreffenden Wälder mit den weißborkigen Stämmen ihren besonderen Reiz. Sie tragen zum melancholischen Grundton der masurischen Landschaft bei. Marion Dönhoff empfand sie auf ihrem Herbstritt als eine „eigentlich Eichendorffsche Landschaft", mit einem „Ton Eichendorffscher Sehnsucht und Glückseligkeit in der Luft, die ein leiser Wind bewegt". Für Norbert Blüm, der die Eindrücke eines Masuren-Urlaubs in einem Büchlein mit Reiseimpressionen festhielt, war schon der Name Masuren von „melancholischer Schönheit": „Müßte ich das Wort Masuren auf einem Instrument spielen, ich nähme die dumpfe Baßgeige ..."

Sensburg, reizvoll auf einer Landbrücke zwischen dem Junosee und dem Schoßsee gelegen, hat der Krieg halbwegs verschont. Es zeigt sich noch heute wie eine typisch ostpreußische Kleinstadt und ist ein beliebter Ausgangspunkt für Touren zu den masurischen Seen und Wäldern.

„Über mir,
warm,
der Himmel:
ein weites zitterndes Weiß,
das mir die Augen, langsam,
langsam
schließt.
Wehende Luft, ein zartes
Summen“,
dichtete der Rastenburger
Arno Holz (1863–1929).

Dann standen wir auf, ließen Speisen und Silber auf dem Tisch zurück und gingen zum letztenmal durch die Haustür, ohne sie zu verschließen. Es war Mitternacht.

Marion Dönhoff
„Namen, die keiner mehr nennt", 1962

„Wo hat sie nun gewohnt?" Die Dame aus der Gruppe, die auf den Spuren von Marion Dönhoff durch Ostpreußen reiste, wusste es. „Nicht im Schloss", erklärte sie, „da wohnte ihr widerlicher Nazi-Onkel. Dort drüben in jenem Haus!" Sie zeigte auf ein schmuckes Häuschen, ein paar hundert Meter entfernt. Es mag ursprünglich für einen Verwalter gebaut worden sein. Die Reisenden standen vor dem Schloss in Quittainen (sprich Quittänen), auf dem Giebel hatte das Dönhoffsche Wappen die Zeitläufte überstanden. Das Schloss selber, so fanden die Damen und Herren, mache doch einen guten Eindruck, frisch verputzt die Vorderfront; der Park bräuchte eine gärtnerische Hand. Die kleine Kirche, die Wirtschaftsgebäude, der Teich, alles so, wie man es sich vorgestellt hatte.

Quittainen wurde 1771, als sein letzter Besitzer ohne Erben starb, in eine Familienstiftung eingebracht. Seit 1939 verwaltete Marion Dönhoff diesen Besitz, und als ihr ältester Bruder in den Krieg zog – er fiel zu Beginn des Russlandfeldzuges –, von hier aus auch die Friedrichsteiner Besitzungen. Quittainen war 3800 Hektar groß mit ebenso viel Wald, der zu den besten der Provinz gehörte. Die Polen machten es zu einem Staatsgut, heute liegen viele Felder brach, die Privatisierungen der großen Ländereien gehen nur schleppend voran.

Gelegentlich kauft ein zu Wohlstand Gekommener das eine oder andere Gutshaus. So ist das Eulenburgsche Gallingen bei Rastenburg in polnische Hände gekommen. Das Schloss wird zu einem Hotel umgebaut, das bestimmt seine Gäste finden wird. Udo Graf Eulenburg gestand in einem Fernsehfilm, den Wolf von Lojewski im Sommer 2002 in Ostpreußen drehte, dass es fast schöner sei, als er es in Erinnerung hätte. Mit dem polnischen Besitzer, einem Kosmetikfabrikanten aus Warschau, habe er sich angefreundet. Auf eine Frage Lojewskis sagte er, Besitz sei immer nur Leihgabe. Es sei doch schön, wenn andere aus ihm etwas für die Zukunft schafften. Und Marion Dönhoffs Satz, „zu lieben, ohne zu besitzen", könne er sich sehr wohl zu eigen machen.

Das Herrenhaus eines Vorwerks von Sorquitten, dort wo die Kruttinna ihren Lauf durch Masuren beginnt, hat sich in ein Hotel, genauer in eine Hotel AG verwandelt. Hier macht ein Ostpreuße, Albrecht von Klitzing, mit seiner polnischen Ehefrau praktisch halbe-halbe. Sie besitzt 51 Prozent Anteile der Aktiengesellschaft, er 49. Dies akzep-

Schlobitten im Kreis Preußisch Holland brannte nach dem Krieg vollständig aus. Die Ruinen verfallen von Jahr zu Jahr mehr.

Das ehemalige Schloss der Fürsten Dohna-Schlobitten war das Hauptwerk der barocken Schlossanlagen, die Anfang des 18. Jahrhunderts in Ostpreußen entstanden. Das Schloss war reichhaltig mit Kunstschätzen von großem Wert ausgestattet. Ein kleiner Teil von ihnen wurde während des Krieges ausgelagert und ist heute im Berliner Schloss Charlottenburg ausgestellt.

tierten die polnischen Behörden, ansonsten ist der Erwerb von Grundeigentum für Ausländer, speziell für Deutsche, in aller Regel tabu.

Ponarien liegt 14 Kilometer südöstlich von Quittainen am Narjensee. Hier lebte ein Zweig der großen Groeben-Familie. Das Herrenhaus stammte aus dem Anfang des 17. Jahrhunderts, mit dicken Mauern, die noch von der Zeit des Deutschen Ordens zeugten. Karl Konrad Graf von der Groeben erzählt, dass Marion Dönhoff gelegentlich zu Pferd vorbeikam, auch mal zur Entenjagd. Man besuchte sich und sprach offen und ungeschützt über die Zustände im Reich. Er machte sie mit Axel v. d. Bussche bekannt, dem ferventen Hitler-Gegner, der ihr von den Gräueltaten an den Juden im Osten berichtete, deren Augenzeuge er geworden war.

Als die Rote Armee bis auf wenige Kilometer vor Ponarien herangerückt war, am 23. Januar 1945, ritten Karl Konrad von der Groeben und seine Frau durch die Wälder, an Quittainen vorbei nach Schlobitten. Hier bestiegen sie einen der letzten Züge, die gen Westen fuhren. „Meine Mutter", so erzählt er, „blieb bei unseren Leuten, da ein Treck zunächst verboten und dann nicht mehr möglich war. Sie soll noch mit dem russischen Kommandanten Schach gespielt haben. Dann sollten alle verschleppt werden. Meine Mutter wurde im Wald erschossen. Es hat an der Stelle ein Kreuz gegeben mit der Inschrift: ‚Hier ruht die Frau Gräfin aus Ponarien'." Das Herrenhaus wurde unlängst von einer Architektin aus Warschau gekauft, die Stallungen sind verfallen, die Felder liegen brach.

Schlobitten, 17 Kilometer nordwestlich von Quittainen gelegen, war einer der ganz großen Herrensitze Ostpreußens. Er gehörte den Dohnas. In fast jeder Generation dienten irgendwelche Dohnas dem Staat, sei es am preußischen Hof, sei es als Minister oder in hohen Militärrängen. Schlobitten, erbaut um 1680, wurde im 18. Jahrhundert zu einer repräsentativen barocken Residenz ausgebaut. Sein letzter Besitzer, Alexander Graf Dohna, beschrieb 1989 in den „Erinnerungen eines alten Ostpreußen" die für das Land wohl einmalige Pracht. Das Schloss hatte einen eigenen Trakt, in dem im Laufe der Jahre alle preußischen Könige wohnten, wenn sie Schlobitten einen Besuch abstatteten. „Das Schlafzimmer erhielt ein in England hergestelltes Himmelbett, in dem alle preußischen Könige geschlafen haben." Als Friedrich Wilhelm III. (1797–1840) im Sommer 1802 im Schloss abstieg, „bezeugte er seinen Beifall über die schönen Zimmer und den für ein Landhaus wirklich auffallenden Saal. Seine Frau, Königin Luise, fand, Schlobitten habe Ähnlichkeit mit dem Berliner Schloss Charlottenburg, ‚wegen manchen antiquen Möbeln, Teppichen und Porträten'".

Alexander Dohna, Jahrgang 1899, schien sich im Klaren zu sein, dass der Krieg für die ostpreußische Provinz verheerend sein würde. Sehr rechtzeitig und trickreich verlagerte er viele Kunstschätze aus Schlobitten in den Westen, wo ein Teil von ihnen im Berliner Schloss Charlottenburg zu sehen ist. Schlobitten wurde 1945 stark zerstört, ausgeplündert und brannte 1949 vollständig nieder. Der unvermeidliche Storch nistet hoch oben auf den Ruinenresten, die langsam aber sicher in sich zusammenfallen.

„Marion Dönhoff", so schreibt Alexander Dohna, „und ich trafen uns ab und zu an der gemeinsamen Grenze unserer Güter und unterhielten uns, weit abgelegen von jeder menschlichen Behausung und daher sicher vor fremden Ohren. Unsere telephonischen Abreden tarnten wir geschickt. Auf Marions Anregung kaufte ich für den Winter 1944/45 keinen Kunstdünger mehr. Die beträchtlichen Ausgaben für Dünger hielten wir für überflüssig, weil wir doch nicht mehr ernten würden. Auf diese Weise hatte ich etwas mehr Geld für den Treck zur Verfügung."

In einer einzigartigen Leistung gelang es ihm, den Großteil seiner Schlobitter auf der Flucht über neun Wochen und 1500 Kilometer zusammenzuhalten. „Zuletzt bestand der Treck noch aus 330 Personen, einschließlich der französischen Kriegsgefangenen, 140 Pferden und 38 Wagen." Im niedersächsischen Hoya löste er sich im März 1945 auf.

Klaus Bednarz traf in Ostpreußen Gräfin Euphemia Dohna, die in der Nähe von Schlobitten, in Schlodien, beheimatet war. Auch Schlodien besaß ein prachtvolles Barockschloss, das Anfang des 18. Jahrhunderts gebaut worden war. „Ich komme nicht hierher, weil ich traurig bin", sagte die alte Gräfin, „dass wir das nicht mehr haben ... Ich würde mich freuen, wenn die Natur über alles wegginge, wenn einfach alles zuwachsen würde. Damit nichts mehr zu sehen ist, niemand mehr erinnert wird, niemand mehr fragt." Schlodien ist heute nur noch eine Ruine. Was Euphemia Dohna freut in Ostpreußen, ist die Schönheit der Landschaft, sind die dahinziehenden Wolken. „Mit den Dohnas in Ostpreußen, das ist vorbei. Endgültig."

In Mohrungen, einem überschaubaren Städtchen, waren die Dohnas zu Hause. Seinen Glanz verleiht dem Ort allerdings der Prediger und Philosoph Johann Gottfried Herder, der hier 1744 geboren wurde. Die Dohnas residierten in einem Schlösschen, bevor sich die weit verzweigte Familie in Schlobitten und anderswo niederließ. Das vom Krieg arg ramponierte Gebäude wurde zu einem Museum hergerichtet, in dem ein paar Familienporträts der Dohnas, Dönhoffs, Groebens und anderer hängen, die aus den umliegenden Schlössern gerettet wurden. Der größte Teil des Hauses ist Herder gewidmet, den die Polen als „Freund der Slawen" achten. Hier kann der Besucher auf großen Tafeln „die sieben Gesinnungen der großen Friedensfrau" lesen. Zum Beispiel: „Lächerlich und verächtlich muß es werden, wenn Einheimische sich über ausländische Angelegenheiten, die sie weder kennen noch verstehen, in denen sie nichts ändern können und die sie gar nichts angehen, sich entzweien, hassen, verfolgen, verschwärzen und verleumden ... Man muß lernen, daß man nur auf dem Platz etwas sein soll, auf dem man steht, wo man etwas sein soll."

Marion Dönhoffs älteste Schwester Yvonne lebte nicht weit von Quittainen auf dem Gut Spanden. Auch mit der Lupe ist Spanden heute nicht mehr zu finden, Haus und Hof sind von der

In Sorquitten ist der Einfluss englischer Gotik nicht zu übersehen. Die Polen haben das Haus in ein Erholungsheim umgewandelt. Schlodien (links), ehemaliger Besitz der Familie Dohna, lässt nur ahnen, dass hier einst ein eindrucksvolles Schloss gestanden hat. Es überstand den Krieg und brannte erst 1986 nieder. Etliche Gemälde aus Schlodien befinden sich jetzt im Museum in Mohrungen. Ponarien war ein Herrenhaus, das zur Groebenschen Familie gehörte. Eine Architektin aus Warschau hat das Haus unlängst gekauft.

Ende Januar 1945 verließ Marion Dönhoff ihre Heimat. In Preußisch-Holland (links) trennte sie sich von ihren Leuten aus Quittainen und ritt allein weiter. Der Ritt führte durch Elbing (rechts) und über die Brücke von Dirschau über die Weichsel. Ihr zweites Leben begann.

Natur in Besitz genommen. Die beiden Schwestern besuchten sich häufig. Noch drei Tage, bevor sie im Januar 1945 alle gen Westen aufbrachen, spannten sie die Schlitten an und fuhren gemeinsam auf Jagd. „Einen ganzen Nachmittag glitten wir lautlos durch den frisch verschneiten Wald." Sie erlegten schließlich einen Keiler, „so als wäre dies eine Jagd wie eh und je".

In „Namen, die keiner mehr nennt" hat Marion Dönhoff ihre Flucht beschrieben. Sie sattelte ihren Fuchswallach Alarich und trieb ihre Leute zur Eile an. Der Quittainer Treck setzte sich Ende Januar 1945 bei über 20 Minusgraden auf der spiegelglatten Chaussee nach Preußisch Holland (Paslek) in Bewegung. Die Kreisstadt war elf Kilometer entfernt. Wagen und Reiterin brauchten sechs Stunden für die Strecke. Der Ort war völlig verstopft. Aus allen Richtungen waren die Flüchtenden gekommen. Preußisch Holland war eine der kleinsten Kreisstädte Ostpreußens. Knapp 5000 Einwohner zählte der Ort mit dem geharnischten, ein Schwert schwingenden Ritter im Stadtwappen, der auf einem vorwärts springenden Schimmel reitet. Die Leute waren stolz auf ihre Geschichte, die weit in die Zeit der Pruzzen reichte. Die Feste Preußisch Hollands diente den Ordensrittern als willkommene Burg.

Die Quittainer trennten sich hier von Marion Dönhoff. Während diese sich auf Alarich durch die Stadt schlug, resignierten jene und kehrten zurück ins Dorf. Sie glaubten oder hofften, dass die Russen ihnen schon nichts antun würden. Würden sie nicht gebraucht werden, um das Vieh zu füttern, im Frühjahr die Felder zu bestellen, Holz zu schlagen im Wald? Welch ein Irrtum! Marion Dönhoff erreichte Jahre später ein Brief aus Quittainen: „Als erste wurden die beiden Gespannführer Möhring und Kanther, der alte Gärtner Neubert und der Apotheker erschossen und auch Frau Lukas. Einige Tage später wurde dann die Magda Arnheim, Lotte Mus mit Kind und die Oma Mus erschossen. In Schönau fünf Arbeiter vom Gut. Im Februar gingen dann die Abtransporte in den Ural los ... Die meisten sind im Ural gestorben. Zuerst all die Jungens an der Front, und nun die anderen."

Alexander Solschenizyn, der große russische Schriftsteller, damals Offizier der Roten Armee, schrieb in seinem Gedichtzyklus „Ostpreußische Nächte":

Kleinkoslau, Großkoslau
Jedes Dorf in hellen Flammen!
Alles brennt! Es brennen Ställe
brüllt das eingeschlossene Vieh.
Tja, Ihr Guten,
seid ja Deutsche.

Und an anderer Stelle:

Durch die Wand gedämpft – ein Stöhnen:
Lebend finde ich noch die Mutter.
Waren's viel auf der Matratze?
Kompagnie? Ein Zug? Was macht es?
Tochter – Kind noch, gleich getötet.
Alles schlicht nach der Parole:
Nichts vergessen, nichts verzeih'n!
Blut für Blut! – und Zahn für Zahn,
wer noch Jungfrau, wird zum Weibe und
die Weiber – Leichen bald.

Auch Lew Kopelew, der später einer der besten Freunde Marion Dönhoffs werden sollte, erlebte in Ostpreußen das Wüten seiner Kameraden. Nachdem er als Offizier der Roten Armee durch ein brennendes Dorf kam, fragte er einen Rotarmisten: „Hat es hier schwere Kämpfe gegeben?" – „Kämpfe? Wieso? Die sind doch abgehauen, ehe wir kamen. Das Feuer haben unsere gemacht." – „Warum das denn?" – „Ach, weiß der Henker, warum. Einfach nur so zum Spaß. Es heißt eben: Hier ist Deutschland. Also: schlagt alles kaputt, verbrennt alles! Übt Rache!"

Der Ritt führte Marion Dönhoff über Elbing (Elblag) nach Marienburg (Malbork). Hier ritt sie auf der schon gefährlich zerstörten Eisenbahnbrücke über die Nogat. Ostpreußen lag hinter ihr.

Marienburg – „mit dessen Geschichte meine Familie mehrfach verbunden war", schreibt Marion Dönhoff. Jene Dönhoffs, die mit dem Deutschen Orden vor 700 Jahren aus Westfalen gen Osten zogen, werden am Bau der Marienburg mitgewirkt haben. 1274 begann der Orden sie als Bollwerk und Gottesburg zu errichten, von der aus dann die wechselvolle Geschichte Ostpreußens ihren Anfang nahm. Der Krieg hat sie nicht verschont, doch die Polen haben mit ihrer unnachahmlichen Fähigkeit, Ruinen wieder auferstehen zu lassen, einen attraktiven Anziehungsort geschaffen.

Es war ein weiter Weg von Ostpreußen ins westfälische Vinsebeck, wo Marion Dönhoff ihren Fuchs absattelte, und es war eine quälende Strecke bis zum Ja zur Versöhnung mit dem Schicksal, das sie ihrer Heimat Ostpreußen beraubt hatte. Die Wälder und Seen, die Wiesen und die alten Alleen werden so schön wie eh und je sein, meinte sie, „als sie mir Heimat waren. Vielleicht ist dies der höchste Grad der Liebe: zu lieben, ohne zu besitzen."

In dem ersten Heft nach dem Krieg, das die Zeitschrift Merian 1951 über Ostpreußen veröffentlichte, schrieb die Gräfin: „ – Gen Osten fuhr keiner mehr, nur die Gedanken gingen immer wieder dorthin zurück, die vielen herrenlosen Gedanken und Träume. – Nur damals? Auch heute noch, und morgen wird es nicht anders sein!"

Schloss Quittainen mit seiner vor wenigen Jahren restaurierten Fassade der Vorderfront – hier endeten die 600 Jahre des Wirkens der Dönhoffs in Ostpreußen. Denn von Quittainen aus trat Marion Dönhoff im eisigen Januar 1945 die Flucht vor den russischen Truppen in den Westen Deutschlands an: „Wir aßen also noch rasch zusammen: wer weiß, wann man wieder etwas bekommen würde … Dann standen wir auf, ließen Speisen und Silber auf dem Tisch zurück und gingen zum letztenmal durch die Haustür, ohne sie zu verschließen. Es war Mitternacht."

Die „Festung Gottes und der Heiligen Jungfrau“ am Nogat-Ufer – die Marienburg. Sie war für den Deutschen Ritterorden das Zentrum der Bekehrung der heidnischen Pruzzen mit der „eisernen Bibel“, dem Schwert. Für das Kolonisationswerk in dem dabei gewaltsam in Besitz genommenen Territorium östlich der Weichsel waren die Ritter mit dem schwarzen Kreuz auf den Adel aus dem Westen Deutschlands angewiesen. Der „Lohn“ dafür war die Verleihung von riesigen Ländereien im späteren Ostpreußen. Davon profitierten auch die Dönhoffs, von denen der erste 1330 in den Osten kam.

Marion Gräfin Dönhoff in Ostpreußen in der „Wolfsschanze“ vor der Tafel, die an den Widerstand gegen das Hitler-Regime erinnert

1909
2. Dezember: Marion Dönhoff in Friedrichstein/Ostpreußen geboren. Schulzeit in Friedrichstein, Königsberg, Potsdam

1928
Abitur

1931
Studium der Volkswirtschaft in Frankfurt/Main und Basel

1935
Promotion zum Dr. rer. pol.

1936
Einarbeitung in die Verwaltung der Dönhoffschen Familiengüter Friedrichstein und Quittainen

1941
Ritt durch Masuren mit ihrer Cousine Sissi Lehndorff

1945
Flucht aus Ostpreußen auf dem Fuchs Alarich, Ankunft in Westfalen

1946
Eintritt in die Redaktion der ZEIT in Hamburg

1955
Verantwortlich für das politische Ressort der ZEIT

1968
Chefredakteurin der ZEIT

1973
Herausgeberin der ZEIT

1992
Enthüllung des Kant-Denkmals in Kaliningrad

1995
Das private Gymnasium im früheren Nikolaiken (Masuren) erhält den Namen Marion Dönhoff Lyceum.

1999
Ehrenbürgerin von Hamburg, Ehrendoktor der Universität in Kaliningrad

2002
11. März: Marion Dönhoff stirbt auf Schloss Crottorf im Siegerland.